CW01669622

Brittany Ferries

From the Land to the Sea

MILES COWSILL

First Published: 1989
Second & Revised Edition: 1993
ISBN: 1 8711947 17

FERRY Publications

REMERCIEMENTS

Je tiens à remercier Ian Carruthers, Directeur Général de la Brittany Ferries, UK et Irlande pour son avant-propos et d'avoir suivi avec intérêt et enthousiasme le déroulement de ce projet.

Mes remerciements vont aussi à tout le personnel du Bureau d'Informations de la Brittany Ferries à Londres, qui m'a apporté tant d'aide et d'assistance, et surtout à Toby Oliver dont les connaissances de la compagnie sont si vastes.

Les personnes suivantes sont également remerciées pour les renseignements qu'elles m'ont fournies ainsi que pour leur aide dans la publication de cet ouvrage: Barbara Binder, Anne Titcombe, Nolwenn Monjarret, Gordon Day, John Hendy, Jack Phelan, John May, Russell Plummer, Dave Hocquard, Bill Shackleton, Mike Lennon, Klas Brogan, Mikko Niini (Kvaerner Masa-Yards), Steffan Weirauch, Geoffrey Breeze, Linda Cowsill, Pat Somner, Glyn Davies, Trevor Barrett, Maritime Photographic, Anthony and Nicholas Meads, FotoFlite and Haven Colourprint.

Je voudrais enfin remercier Ian Smith de Bézier Design pour toute l'aide qu'il m'a apporté dans l'élaboration et conception de cet ouvrage.

© 1993 Ferry Publications

12 Millfields Close, Pentlepoir, Kilgetty, Pembrokeshire,
Grande Bretagne, SA68 0SA Tel: 0834 813991. Fax: 0834 814484

Tous droits réservés. Toute reproduction intégrale ou partielle par tous procédés réservés sans l'autorisation écrite préalable de la société Ferry Publications. Bien qu'un grand effort a été fait pour assurer la précision du contenu de cet ouvrage, ni l'auteur, ni l'éditeur, ni la Brittany Ferries ne peut être tenu responsable d'aucune omission ni erreur factuelle. Tous droits concernant les photos reproduites ci-après sont réservés aux personnes attribuées et elles ne doivent pas être reproduites sous aucune forme sans l'autorisation écrite préalable de l'auteur.

ACKNOWLEDGEMENTS

The author would like to express his gratitude to Ian Carruthers, Managing Director of Brittany Ferries, UK and Ireland, for writing the foreword for this publication and also for following the progress of the project with interest and enthusiasm.

I should also to thank all the staff of the Brittany Ferries Information Bureau, London for all their help and assistance with this publication, especially Toby Oliver who has such a wealth of knowledge of the company.

The following should be placed on record for their assistance with the publication: Barbara Binder, Anne Titcombe, Nolwenn Monjarret, Gordon Day, John Hendy, Jack Phelan, John May, Russell Plummer, Dave Hocquard, Mike Lennon, Klas Brogan, Mikko Niini (Kvaerner Masa-Yards),Steffan Weirauch, Geoffrey Breeze, Linda Cowsill, Pat Somner, Glyn Davies, Trevor Barrett, Maritime Photographic, Anthony and Nicholas Meads, FotoFlite and Haven Colourprint.

In conclusion, I should like to thank Ian Smith of Bézier Design for all his assistance in preparing and designing this publication.

© 1993 Ferry Publications

12 Millfields Close, Pentlepoir, Kilgetty, Pembrokeshire,
Great Britain, SA68 0SA. Tel: 0834 813991. Fax: 0834 814484

All rights reserved. No part of this publication may be reproduced, stored in a retrieval system or transmitted by any means electronic, mechanical, photocopying, recording or otherwise, without the prior permission, in writing, of Ferry Publications. Whilst every effort has been made to ensure the accuracy of the contents of this publication, neither the author nor the publisher can be responsible for any errors or omissions. All photographs reproduced in this publication remain the copyright of those credited and may not be copied or reproduced in any form without the copyright holder's permission in writing. Whilst every effort has been made to ensure accuracy, neither the author, nor the publishers or Brittany Ferries can accept responsibility for any omissions or errors of fact that may have been included.

Miles Cowsill

Le *Barfleur* arrive à Poole après son premier voyage

The *Barfleur* arriving at Poole on her maiden voyage.

INTRODUCTION

Prenez plusieurs camions chargés de légumes; mettez les soigneusement à bord d'un chaland de débarquement de chars transformé en transbordeur; ajoutez de l'eau salée et saupoudrez d'une quantité de plus en plus importante de passagers;

Et qu'est ce que ca donne?

Réponse: une recette Française pour l'histoire d'une des plus incroyables réussites commerciales du vingtième siècle.

Ce fût au mois de Janvier 1973 que le premier navire de la compagnie aujourd'hui connue sous le nom de Brittany Ferries ait quitté le port Breton de Roscoff pour un premier voyage fort improbable à destination de Plymouth en Angleterre. A ce moment-là personne, surtout ses armateurs – une cooperative d'agriculteurs Bretons avec à leur tête un certain Alexis Gourvennec – aurait pu imaginer que ce départ commencerait un nouveau chapitre dans l'histoire de la navigation transmanche.

Quelques vingt ans plus tard, en 1993, à partir de ces ingrédients de base a été créé une véritable expérience gourmet pour les millions de passagers et clients frêts qui désormais voyagent avec la Brittany Ferries.

La vitesse à laquelle évolue la Compagnie est tellement rapide, dans tous les sens, qu'il est déjà nécessaire de mettre cet ouvrage à jour, alors qu'il n'est paru pour la première fois qu'en 1989.

Même en si peu de temps, la Flotte Brittany Ferries est devenue la plus moderne de la Manche.

Grâce à un investissement de £370 million, en navires et en installations portuaires, la Compagnie se trouve désormais dans une position idéale pour faire face à la menace que pourra posér l'ouverture éventuelle du tunnel sous la Manche, aux routes maritimes.

A l'avant-garde de ce défi sont les "Cruise-ferries" sophistiqués nouvelle géneration – *Bretagne*, *Barfleur*, et *Normandie*, ainsi que le super ferry *Val de Loire*, qui exploite les lignes entre la France, le Royaume Uni, l'Espagne et l'Irlande.

Mais non seulement la Compagnie a les navires les plus modernes et les plus confortables de l'Ouest de la Manche, mais ils opèrent entre les ports les plus beaux de l'Angleterre, de l'Irlande, de la France et de l'Espagne, et assurent le service le plus rapide à partir

INTRODUCTION

Take several truck loads of fresh vegetables; place them carefully into a converted tank landing craft; add to water; and gradually introduce a sprinkling of passengers, increasing rapidly to a torrent.

What does this give you?

Answer: a French recipe for one of the most incredible business success stories of the twentieth century.

It was in January 1973 that the first vessel belonging to what is now Brittany Ferries embarked on its unlikely maiden voyage from the Brittany port of Roscoff, bound for Plymouth. No-one – least of all its owners, the French farmers of the Breton co-operative, led by Alexis Gourvennec – could have dreamed then that this sailing would mark the start of a whole new chapter in commercial shipping in the English Channel.

Some twenty years later, in 1993, those early ingredients have matured to produce what can only be described as a gourmet experience for the millions of passengers and freight customers who now travel with Brittany Ferries.

Such is the speed with which the company continues to move forward – in every sense – that it has already become necessary to completely revise and update this publication, which first appeared in 1989.

Even in that short time, Brittany Ferries has transformed its fleet to the extent that it now operates the youngest ships on the Channel.

A £370 million investment, both in vessels and on-shore facilities at various ports, has put the company in the perfect position to aggressively challenge any threats to sea routes which the eventual opening of the Channel Tunnel might pose.

Spearheading this challenge are the fast, sophisticated, new-generation cruiseline ferries *Bretagne*, *Barfleur* and *Normandie*, and they are now complemented by the *Val de Loire*, which operates on the English Channel between the UK, Spain and Ireland.

But not only does the company run the most modern and comfortable ships in the Western Channel, it also operates between the most attractive ports in England, Ireland, France and Spain; offers the fastest ferry service from the UK to Spain; provides more

du Royaume Uni vers l'Espagne. Par ailleurs, la Compagnie a plus de départs entre l'Irlande et la France que toute autre compagnie, et propose la plus large gamme de vacances motorisées, vers des destinations au coeur des régions touristiques bien connues, évitant ainsi la nécessité de passer de longues heures sur la route avant d'arriver à sa destination finale. Enfin elle est renommée pour la qualité exceptionelle des services hoteliers et de restauration à bord de ses navires, emportant trois fois le prix de "Meilleur ferry de l'Année" discerné par le journal britannique "The Observer".

Des accomplissements impressionants pour une compagnie dont l'objet d'origine fut le transport des choux-fleurs de la Bretagne vers le Devon! Il n'est guère étonnant que la Brittany Ferries se considère comme l'alternatif de loin préférable au tunnel sous la Manche.

Comme vous pouvez constater, celle de la Brittany Ferries est une histoire passionnante et j'espère que vous trouverez ce livre à la fois intéressant et éducatif. J'espère également que vous passerez des journées agréables en voyageant à travers la Manche vers la France et l'Espagne.

Bon voyage!

Miles Cowsill, Octobre 1993

sailings between Ireland and France than any other line; offers the best choice of all-in motoring holidays and tours on the continent; sails directly into the heart of established holiday regions, so eliminating the need for many hours of further travel; is widely recognised for the exceptional quality of its on-board hotel and restaurant service; and has won *The Observer's* prestigious 'Best Ferry Award' three times.

Impressive credentials for a company which started life shipping cauliflowers from Brittany to Devon! And little wonder that Brittany Ferries now sees itself as the far superior alternative to the Channel Tunnel.

As you can see, the story of Brittany Ferries is a fascinating one, and I hope you will find this book both interesting and informative. I also hope you'll enjoy many hours of happy cruising across the English Channel to France and to Spain.

Bon voyage.

Miles Cowsill, October 1993

Le *Bretagne* à Roscoff après son premier accostage au port

The *Bretagne* pictured at Roscoff following her first arrival at the port.

Brittany Ferries

AVANT PROPOS

Qui aurait pu imaginer, quand le cargo transbordeur *Kerisnel* de 2923 tonnes inaugura au début des années 70 le service régulier entre Roscoff et Plymouth, qu'une force nouvelle du tourisme était entrain de naître? Qui aurait pu prévoir qu'une compagnie minuscule, reliant l'Ouest de la Grande-Bretagne à un port minuscule de Bretagne, lancée par un groupe d'agriculteurs bretons avant que la Grande Bretagne se soit engagée à rejoindre la CEE, emploierait dans les dix ans suivants, jusqu'à 2500 personnes et serait impliquée dans un réseau de 8 lignes reliant la Grande Bretagne et l'Irlande à la France et l'Espagne, en desservant les Iles Anglo-Normandes par la même occasion?

Ou bien que les vacanciers britanniques louant une fermette en France, un chateau en Espagne, ou visitant le Portugal, la Suisse ou l'Italie, de même que leurs homologues français séjournant dans les "Bed and Breakfast" en Grande Bretagne, réserveraient de telles vacances chez Brittany Ferries.

Qui aurait pu penser que cet apport modeste dans un secteur d'activité déjà jalonné d'échecs antérieurs, et rejeté par les exploitants établis pour manque de viabilité, deviendrait le numéro un de la Manche Ouest, avec des navires neufs aussi grands et confortables que des paquebots modernes, et proposant un choix de cabines compatible avec ceux-ci, ainsi que des restaurants superbes, des boutiques, des cinémas et même des spectacles? Notre part du marché transmanche continue d'accroître d'année en année, traduisant notre succès en satisfaisant les exigences des clients qui veulent que la traversée soit un moment de détente de leur vacances, plutôt qu'une épreuve frénétique. L'échelle de nos opérations, en hébergeant dans des cabines près de 5600 passagers chaque nuit, et en servant plus de 3 million de repas par an, rivalise avec plusieurs des plus grandes chaines d'hôtels et de restaurants.

Et aussi le secteur fret, sur lequel la compagnie a été fondée, est en plein essor, avec le renforcement des échanges commerciaux entre la Grande-Bretagne et ses partenaires du Marché Commun. On voit encore aujourd'hui des chargements de primeurs – choux-fleurs, artichauts, pommes de terre nouvelles, salades – en provenance de Bretagne, mais également de plus en plus de pièces détachées automobiles vers la France et l'Espagne, des vêtements et

FOREWORD

Who would have imagined when the 2,923 ton Ro-Ro freighter *Kerisnel* inaugurated a daily service from Roscoff to Plymouth in the early '70s that a new major force in tourism would emerge? Who could have foreseen that a shipping company linking the West Country with a tiny port in Brittany, started by a group of Breton farmers before Britain had committed itself to the EC would, by the next decade, be providing employment for up to 2,500 and operating a network of 8 routes connecting Britain and Ireland with France and Spain and serving the Channel Islands too?

Or that British holiday-makers renting a farmhouse in France, staying in a castle in Spain or touring Portugal, Switzerland or Italy would, like their French counterparts, be sampling a Bed & Breakfast holiday in Britain, and be booking such holidays with Brittany Ferries.

Who would have considered that this modest entry into an area of business littered with previous failures, and rejected as unviable by established ferry operators, would become No 1 on the Western Channel with new ships as large and comfortable as latter-day liners, offering a range of cabin accommodation compatible with today's cruiseships, superb eating and shopping facilities, cinemas, even live entertainment? Our share of the cross-channel ferry market continues to grow year by year, reflecting the consumers' need for the ferry crossing to be a relaxing part of the holiday rather than a frenetic ordeal. The scale of our operations in preparing cabin accommodation to receive up to 5,600 passengers every night and serving over 3 million meals a year, rivals many a substantial hotel or catering group.

And freight too, upon which the company was founded, has also continued to boom as Britain's trade links with its Common Market partners have strengthened. Today you will see lorry loads of fresh vegetables – cauliflowers, artichokes, new potatoes, lettuce – travelling across from Brittany but it is more likely to be motor parts to France and Spain, clothes and shoes from Portugal and frozen products to and from Paris and Europe.

The story of Brittany Ferries is a far cry from the classic business school case history, making it even more worthwhile

des chaussures du Portugal, et des produits surgelés vers et en provenance de Paris et de toute l'Europe.

L'histoire de Brittany Ferries est loin du scénario classique des écoles de commerce, ce qui rend encore plus intéressant de découvrir les raisons de son succès, alors que les géants institutionnels du transport transmanche semblent avoir perdu leur panache.

La géographie a très certainement joué un rôle important. La Bretagne, avec les grandes plages naturelles de ses 750 milles de côtes spectaculaires, appuyées sur un arrière pays riche et de vieilles villes intéressantes, est depuis longtemps un lieu de villégiature pour les Britanniques. Bien avant que Brittany Ferries n'inaugure l'accès direct à la Bretagne, des familles venaient par centaines de milliers par les ferries exploitant la vieille traversée ferroviaire vers Calais ou Dieppe. Ils faisaient ensuite le long périple vers le sud pour apprécier le charme édouardien de Dinard et les stations de la côte nord, La Baule et Quiberon au sud. Brittany Ferries identifia le potentiel de lignes nouvelles adaptées aux automobilistes modernes, les conduisant où ils le souhaitaient, plutôt que là où la compagnie de ferry voulaient qu'ils aillent. Il existe donc maintenant tout un réseau de lignes exceptionnelles vers le sud au départ d'Angleterre ou d'Irlande, vers les stations favorites de France et d'Espagne.

Et puis il y a les Bretons. Ces individus Celtiques rudes, avec leur langue (proche du Gallois), leur culture et leurs traditions, constituent depuis longtemps l'épine dorsale des marines marchande et militaire françaises.

D'autres se sont aussi profondément engagés – d'autres régions de France, de Grande Bretagne, d'Irlande et d'Espagne, qui ont formé une équipe unie dans ce qu'ils considéraient plus comme une cause qu'une entreprise commerciale; qui ont voulu faire mieux, que ce soit pour les navires, l'hébergement, le service à bord, les vacances tout compris, ou les prix. Comme toutes les bonnes histoires de mer, le récit de Miles Cowsill refait le trajet par les passes tumultueuses et les tempêtes des

Ian A. Carruthers

uncovering the reasons for its success, particularly when the long-established giants of the ferry scene on the Channel seem to have lost their sparkle.

Certainly geography has played a major part. Brittany, with the great unspoilt beaches of its spectacular 750 miles coastline, backed by rich countryside and interesting old towns, has long been a favourite holiday haunt of the British. Even before the advent of direct access by Brittany Ferries, families came in their hundreds of thousands via the ferry crossings based upon the old railway company links to Calais and Dieppe. They then made the long journey south to enjoy the Edwardian atmosphere of Dinard and the north coast resorts, or the appeal of Quimper, La Baule and Quiberon to the south. Brittany Ferries identified the potential for brand new ferry routes to suit modern motorists, taking them where they wanted to go rather than where the ferry company wanted them to go. So now there's a unique network of routes heading south from England and Ireland straight for the most popular holiday parts of France and Spain.

Then there's the people of Brittany. These rugged, Celtic individuals, with their own language (related to Welsh), culture and traditions, have long formed the backbone of the French merchant and military navies.

There have been others deeply involved too – from other regions of France, from Britain, Ireland and Spain, who formed a team united in what they regarded as something more akin to a cause than a commercial undertaking; who believed in doing things better whether it be the ships, accommodation, the service on board, the inclusive holidays or the value. Like all good sea stories, Miles Cowsill's account traces a voyage through the rough and stormy patches of the early years of the company to the calmer waters of the present time.

But it can only be a first chapter as Brittany Ferries continues to forge ahead facing a future presenting enormous opportunities and matching challenges.

premières années, vers les eaux plus calmes du présent.

Mais ce n'est qu'un premier chapitre, car Brittany Ferries continue à évoluer à toute vitesse, et fait face à un avenir qui présente à coup sûr des opportunités et des défis énormes. Certes la Brittany Ferries est bien placée pour relever ce défi. L'avènement du tunnel sous la Manche représente un alternatif important aux services proposés actuellement par les ferries opérés par nos concurrents dans le Pas de Calais. Il est cependant peu probable que cette route attire le nombre croissant de passagers qui ont choisi de voyager avec la Brittany Ferries et de prendre le temps de se détendre sur le chemin vers leur destination finale. Avec la rentrée en service de trois navires neufs magnifiques au cours des quatre dernières années, aux cotés des neuf autres navires de notre Flotte, nous continuons à servir de modèle en ce qui concerne le confort et la sécurite des passagers.

Le marché parait à la hausse, avec la croissance du succès des vacances motorisées en France et, de plus en plus, en Espagne – le choix logique pour les gens qui s'aventurent pour la première fois sur les routes de l'Europe continentale à la recherche des vacances attirantes qu'elle leur propose.

Une chose est sûre, l'attente des gens et les niveaux de qualité continueront de monter. Viser à être la compagnie la meilleure et la plus innovatrice s'est révélé comme la formule gagnante dans le passé pour la Brittany Ferries, et il sera intéressant de vérifier comment celà se sera confirmé dans le chapitre des années à venir. Peut-être que notre titre sera encore plus approprié alors!

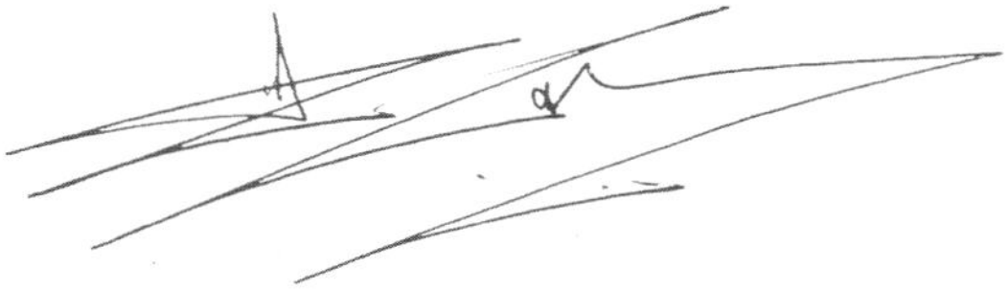

Ian A. Carruthers
Directeur Général (Royaume Uni et Irlande)

Chambre de Commerce et d'Industrie de Morlaix

Le chantier de construction du port de Roscoff en 1972

A view of the construction works at Roscoff Harbour in 1972.

Certainly Brittany Ferries is well placed for the years ahead of us. The advent of The Channel Tunnel represents an important alternative to the existing ferry services operated by our competitors on the Straits of Dover, but is unlikely to appeal to the growing numbers who have opted for Brittany Ferries and the chance to unwind and relax on their way to their holiday destination. With three magnificent new ships joining the fleet of twelve during the past four years we continue to set new standards of comfort and safety.

The market looks strong as car holidays grow in popularity, with France and, increasingly, Spain proving the logical first foray onto Continental roads and the appealing holidays there. One thing is certain: people's expectations and standards continue to rise. Aiming to be the most innovative and the very best has proved to be a winning formula for Brittany Ferries in the past; it will be interesting to see how we maintain our leadership in the next chapter of the years ahead. Perhaps our title will be even more appropriate then.

Ian A. Carruthers,
Managing Director (UK & Ireland)

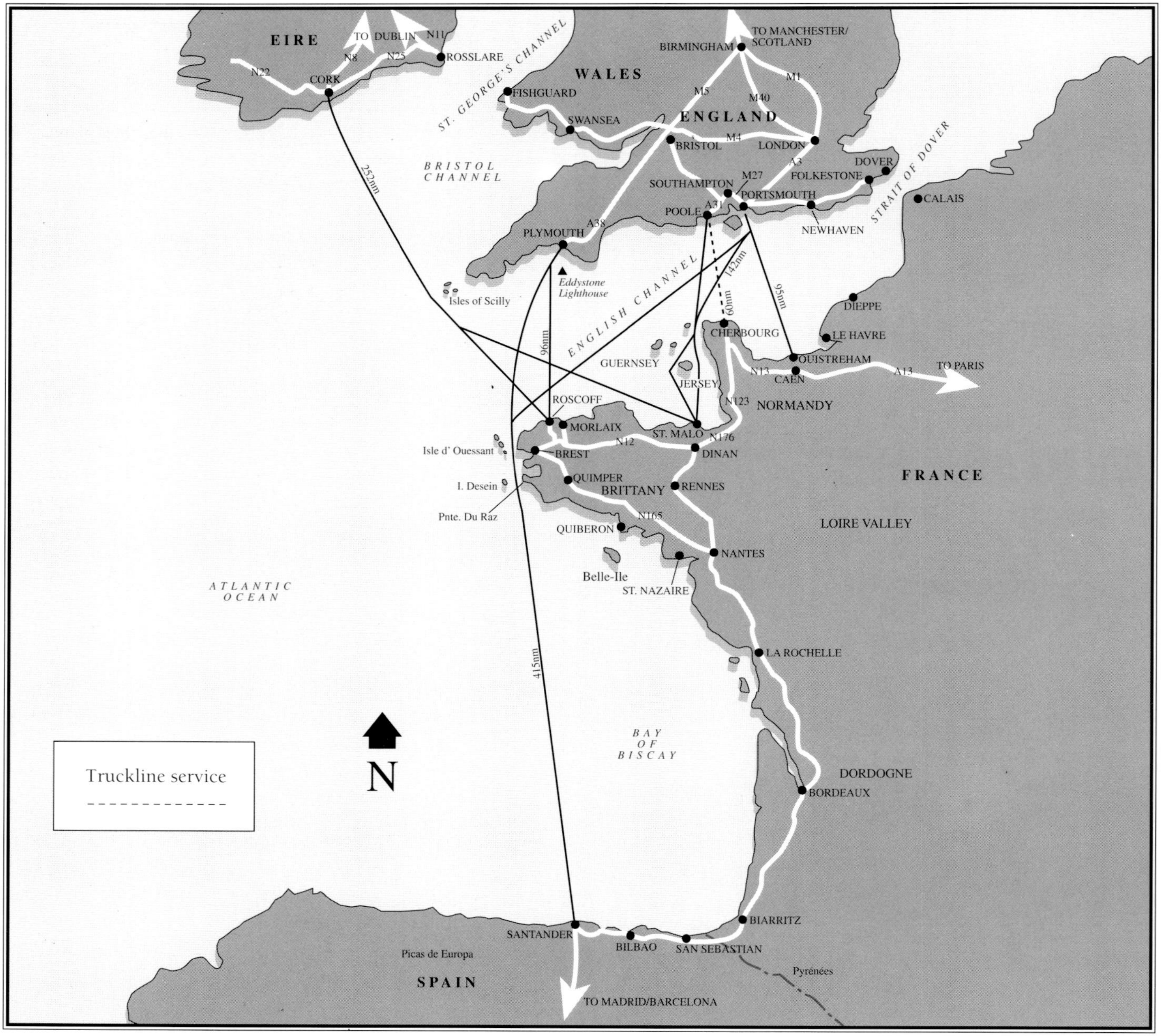
EIRE
TO DUBLIN
N11
N8
N25
N22
ROSSLARE
CORK
WALES
FISHGUARD
SWANSEA
ST. GEORGE'S CHANNEL
BIRMINGHAM
TO MANCHESTER/
SCOTLAND
M1
M5
M40
ENGLAND
M4
BRISTOL
LONDON
A3
DOVER
FOLKESTONE
SOUTHAMPTON
M27
PORTSMOUTH
POOLE
A31
NEWHAVEN
STRAIT OF DOVER
CALAIS
BRISTOL CHANNEL
252nm
PLYMOUTH
A38
Eddystone Lighthouse
Isles of Scilly
ENGLISH CHANNEL
142nm
60nm
95nm
96nm
DIEPPE
CHERBOURG
LE HAVRE
OUISTREHAM
A13
TO PARIS
N13
CAEN
GUERNSEY
JERSEY
N123
NORMANDY
ROSCOFF
MORLAIX
ST. MALO
N176
N12
DINAN
Isle d' Ouessant
BREST
FRANCE
QUIMPER
I. Desein
BRITTANY
RENNES
Pnte. Du Raz
N165
LOIRE VALLEY
QUIBERON
NANTES
Belle-Ile
ST. NAZAIRE
ATLANTIC OCEAN
LA ROCHELLE
415nm
BAY OF BISCAY
N
Truckline service
DORDOGNE
BORDEAUX
BIARRITZ
SANTANDER
BILBAO
SAN SEBASTIAN
Picas de Europa
Pyrénées
SPAIN
TO MADRID/BARCELONA

UNE COMPAGNIE DE NAVIGATION BRETONNE EST NEE

Dans les premiers mois de 1972, un groupement d'agriculteurs fit la surprise du monde du transport maritime en annoncant son intention d'exploiter une ligne de ferry entre le port de Roscoff (Bretagne Ouest) et Plymouth (Devon). Les agriculteurs bretons songeaient depuis longtemps à des moyens plus rapides de transporter leurs produits vers la Grande-Bretagne, à la suite de la fermeture de la ligne des British Railways St-Malo – Southampton en 1964. British Railways décidèrent de fermer la ligne car ce n'était plus rentable, et le *Saint Patrick* effectua sa dernière traversée de St-Malo à Southampton le 27 septembre. Il est intéressant de noter à ce stade, que pendant la dernière saison du *Saint Patrick*, cinq de ses traversées virent moins de 100 passagers, et la quantité de fret embarqué fût également très restreinte. Moins de 800 tonnes de fret furent transportées au total lors de la dernière année qu'il assura le service. Douze ans plus tard, la Brittany Ferries devait réouvrir la ligne, faisant de St-Malo une liaison importante sur la Grande-Bretagne. Aujourd'hui le service est assuré par le super-ferry *Bretagne*, une des navires les plus grands de la Manche.

Après la fermeture de la ligne de St-Malo, les agriculteurs Bretons durent utiliser les autres lignes vers l'Angleterre au départ du Havre et de Cherbourg, exploitées par Thoresen Car Ferries, qui venaient de réouvrir les deux lignes suite à la décision de British Railways de les fermer à leur tour en 1963. Les lignes de Cherbourg et Le Havre étaient loin d'être idéales pour le transport des primeurs vers les Iles Britanniques, en raison des distances à parcourir, en particulier depuis l'ouest de la Bretagne. Les agriculteurs recherchaient un moyen à la fois plus rapide et plus économique de faire parvenir leurs produits en Grande-Bretagne. Neuf années après la fermeture de la ligne de St-Malo, la Brittany Ferries que nous connaissons était née.

Au départ, la compagnie était connue sous le nom de Armement Bretagne Angleterre Irlande (BAI). Le génie créateur de la nouvelle compagnie était Alexis Gourvennec et ses partenaires dans le groupement SICA (une organisation corporative chargée de défendre les intérêts des producteurs de primeurs). La compagnie nouvellement créée choisit comme points de liaison transmanches

A BRETON COMPANY IS BORN

In the early months of 1972 a group of vegetable farmers surprised the shipping world with the news that they planned to operate a ferry service between the port of Roscoff (in western Brittany) to Plymouth in Devon. Breton farmers for many years had been considering a quicker way of transporting their goods to Britain, following the closure by British Rail of the Southampton-St. Malo service in 1964. British Rail decided to close the service, as they claimed they could not make it pay, and the *St. Patrick* made her last sailing from St. Malo to Southampton on 27th September. It is interesting to note that during the *St. Patrick's* last season on most of her sailings there were fewer than 100 passengers, and cargo loadings were also poor, with less than 800 tons being carried during the last year in service. Some twelve years later Brittany Ferries were to reopen the route, establishing St. Malo as an important link with Britain. Today the St. Malo route is operated by the superferry *Bretagne*, one of the largest vessels on the Channel.

With the closure of the St. Malo service the farmers of Brittany were forced to use the other services to England from Le Havre and Cherbourg, operated by Thoresen Car Ferries, who had reopened both routes following British Railways' decision to close these routes also in 1963. The ferry services from Cherbourg and Le Havre were not ideal for the transportation of vegetables to Britain, due to the distance involved in transporting fresh goods, especially from western Brittany. Not only did the farmers want to get their produce to Britain faster, but they also wanted a far more economical way. Some nine years after closure of the St. Malo service, Brittany Ferries, as we know it today, was established.

Initially, the company was known as Armement Bretagne-Angleterre-Irlande (BAI). The new operation was the brain-child of Alexis Gourvennec and his fellow associates of the SICA group (an organisation set up to protect the interests of vegetable producers). The newly formed company chose for it's cross-Channel link the pretty fishing harbour of Roscoff in western Brittany and the Devon port of Plymouth. It was not the first time that the two towns had traded with each other; previously for many centuries farmers from Roscoff had travelled to Plymouth to trade their onions each season.

Alexis Gourvennec.

le port de pêche de Roscoff et le port de Plymouth dans le Devon. Ce ne fût pas la première fois qu'il y ait eu un commerce entre les deux villes car, depuis plusieurs siècles, les agriculteurs roscovites voyagèrent chaque année à Plymouth afin de vendre leurs oignons. Des images de ces voyages de jadis sont tracés à l'intérieur de l'église de Roscoff.

Avant l'ouverture de la ligne, il fallut entreprendre des travaux considérables des deux côtés de la Manche, aucun des deux ports n'étant adapté à l'accueil de navires transbordeurs. Du côté français, à Roscoff, il fallut construire un nouveau port, à 3 km du centre ville. Les travaux nécessitèrent de déplacer des quantités énormes de roches pour constituer les quais et les installations portuaires. Les bâtiments furent achevés en septembre 1972, pour un investissement de 17 millions de francs. Pendant ce temps, à Plymouth, le British Transport Docks Board signa un marché de 400.000 livres avec Thomas and Co. Ltd pour la construction d'une passerelle de 60 mètres à Millbay Docks, adaptée au chargement du navire par toutes les marées. Une surface foncière de 8000 mètres carrés fut libérée comme zone de chantier, et deux hectares de plus furent prévus pour l'extension future du terminal. Des travaux de dragage furent nécessaires avant la mise en service de la nouvelle ligne.

Dans ses projets, Alexis Gourvennec envisageait une ligne de fret uniquement, et le navire transbordeur *Lilac* (2293 tonnes) fut acheté pour assurer le nouveau service. La nouvelle acquisition pouvait embarquer 45 camions. Madame Annie Gourvennec rebaptisa le navire le 17 décembre 1972 et lui donna le nom de *Kerisnel* – le nom d'un village de Bretagne, réputé pour ses choux-

The parish church in Roscoff portrays these earlier traders within its architecture.

Prior to the service being opened, major construction work had to be undertaken on both sides of the English Channel, as neither port was suitable for a ferry operation. On the French side at Roscoff a new harbour had to be built some 3 km from the town centre,where the construction work involved movement of large quantities of rock to provide harbour facilities and quays. The building works were completed during September 1972 at a cost of some 17 million francs. Meanwhile at Plymouth, the British Transport Docks Board awarded a £400,000 contract to Thomas & Co. Ltd.to build a 180 feet linkspan at the Millbay Docks, which would be suitable for loading at all states of the tide. A two acre area of land was provided for marshalling yards, while provision was also made to provide a further four acres for future development of the terminal. Some dredging work also had to be undertaken at Plymouth, prior to the terminal being ready for the new link.

Alexis Gourvennec's initial plans envisaged a freight-only service, and the Ro-Ro ship *Lilac* (2,293 gross tons) was purchased for the new operation. She could accommodate 45 commercial lorries. Madame Annie Gourvennec renamed her *Kerisnel*, after a little village in Brittany, famous for its cauliflowers, on 17th December 1972. Prior to the *Kerisnel* entering service she was chartered by P&O Normandy Ferries to cover for refits of their vessels on the Southampton-Le Havre route.

On 1st January 1973, with French, British and Breton flags flying and a choir singing carols, Brittany Ferries was officially born. Nearly 3000 people attended the official opening of the terminal at Roscoff on a bleak New Year's Day. A spokesman for Brittany Ferries announced at the opening that the company hoped to convey in the region of 150,000 tons of cargo during its first year.

The *Kerisnel* arrived at Plymouth on the morning of 3rd January, the first to disembark being twenty-eight year old Jean Claude Rolland with his lorry loaded with

fleurs. Avant son entrée en service à la Brittany Ferries, le *Kerisnel* était affrêté par P&O Normandy Ferries sur la ligne Southampton-Le Havre.

Le 1er janvier 1973, les drapeaux français, britannique et breton battant haut, et sous les chants d'une chorale, la Brittany Ferries et la nouvelle ligne naissaient officiellement. Près de 3000 personnes étaient présentes à la cérémonie d'ouverture de la nouvelle gare maritime de Roscoff, en ce premier de l'an par ailleurs plutôt morne. Un porte-parole de la Brittany Ferries annonca que la compagnie espérait faire transiter environ 150 000 tonnes de fret la première année.

Le *Kerisnel* arriva à Plymouth le matin du 3 janvier. Jean-Claude Rolland, 28 ans, et son camion chargé de pommes, choux-fleurs, de vin corse et de papier à cigarettes, fut le premier à débarquer à la nouvelle gare maritime du Devon. Au début, il n'y aurait que trois départs hebdomadaires dans chaque sens, toutefois portés à 5 départs en pleine saison maraichère. Pendant les trois premier mois, Brittany Ferries ne transporta que 17000 tonnes de fret, au lieu des 40000 tonnes prévues; mais il faut toujours un certain temps pour développer l'activité d'une ligne nouvelle.

Monsieur Armand Le Bras fut nommé Directeur Commercial pour le Royaume Uni. En 1973, la Brittany Ferries fit oeuvre de pionnier mais ne perdit pas de temps pour grandir rapidement à partir de sa modeste exploitation de fret.

FotoFlite

apples, cauliflowers, Corsican wine and cigarette papers. Initially, the company only envisaged three sailings a week in each direction. However, during the height of the produce season they planned to increase them to five a week, to meet the anticipated demand of freight hauliers. During the first three months, Brittany Ferries were to carry only 17,000 tons of traffic and not the 40,000 tons originally planned. However, like any new service it was to take time for trade to build up.

Monsieur Armand Le Bras was appointed by the company as the U.K. Commercial Manager. These early days were to be pioneering times, but very soon the company was to make rapid growth from its modest freight operations of 1973.

Anny de Bigl

Le navire passagers *Poseidon* inaugura le premier service passagers de la compagnie le 19 mai 1973.

The passenger ship *Poseidon* opened the company's first passenger operation on the 19th May 1973.

Le premier navire "fait sur mesure" de la Brittany Ferries – le *Penn-ar-Bed*.

Brittany Ferries' first purpose-built ship, the *Penn-ar-Bed*.

LES PREMIERS JOURS

A la suite du lancement de la ligne marchandises entre Roscoff et Plymouth, il est vite devenu évident que les gens réclamaient un service passagers vers et au départ de la Bretagne, qui commença à devenir une destination préférée des touristes britanniques. Par suite de cette demande, un accord fut trouvé avec les Vedettes Armoricaines de Brest, pour exploiter une ligne passagers avec un ancien navire de promenade de la Baltique, le *Poséidon* (1118 tonnes). Ce service passagers devait démarrer le 5 avril, mais ne commenca vraiment que le 19 mai 1973 en raison de désaccords sur les termes du contrat. Le service passagers partait au départ de Trinity Pier, Plymouth, les Lundi, Mardi et Vendredi. La ligne fut d'abord un peu aléatoire, la compagnie annullant même certains départ sur l'Angleterre en invoquant le manque de passagers. Le service se stabilisa néanmoins en juillet et le *Poséidon* transporta 120 passagers par jour en moyenne, avant de clore sa saison estivale le 15 septembre.

Tandis que cette ligne passagers d'essai fonctionnait, la compagnie annonca qu'elle avait passé commande d'un ferry tout neuf, à construire à La Rochelle. Ce ferry serait conçu pour transporter des passagers avec leurs voitures, en même temps que du fret. Il fonctionnerait conjointement au *Kerisnel*, qui devrait

Brittany Ferries

Le Bar du *Penn-ar-Bed*.

Bar area – *Penn-ar-Bed*.

THE EARLY DAYS

Following the introduction of the new freight-only service between Roscoff and Plymouth, it quickly became evident that there was a demand for a passenger service to and from Brittany, which was now developing as a popular destination for British tourists. As a result of this demand, an agreement was reached between Brittany Ferries and Vedettes Amoricaines of Brest, to operate a passenger-only service using a former day-only Baltic vessel of Stena Line, the *Poseidon* (1,118 gross tons). The planned passenger-only service was due to start on 5th April, but due to some contractual disagreements on both sides of the Channel, it did not start until 19th May 1973. The passenger service sailed initially from Trinity Pier, Plymouth on Mondays, Tuesdays and Fridays to the Roscoff ferry terminal. At first the service was rather erratic, and on some occasions the company did not sail to England, claiming a lack of passengers. Eventually, the service settled down, and during July the *Poseidon* was to average some 120 passengers a day before she finished her summer season on 15th September 1973.

Whilst the trial passenger service was operating, the company announced it had placed an order with a yard at La Rochelle in

Chambre de Commerce et d'Industrie de Morlaix

Une des premières photos aériennes du port de Roscoff prise en mars 1974, avec le *Penn-ar-Bed* devant la passerelle.

An early aerial view of the Port of Roscoff taken in March 1974 with the *Penn-ar-Bed* at the linkspan.

Christian Michielini

subir une refonte importante avant la saison suivante, y compris l'aménagement de zones passagers.

Le nouveau navire, baptisé *Penn-Ar-Bed* ("Le bout de la terre" en Breton) fut retardé par une grève du chantier et il ne put effectuer ses essais qu'à la mi-janvier 1974. Avant la mise en service du nouveau navire, celui-ci fut "ouvert" aux Bretons, qui désignèrent vite leur nouvelle unité par "le beau bateau". Un navire mixte passagers et fret, embarquant 50 véhicules de fret et 250 passagers, et avec une vitesse de 19 noeuds, le *Penn-Ar-Bed* fut idéal pour assurer la traversée de 6 heures entre les deux ports. Le 24 janvier, le *Penn-Ar-Bed* (2891 tonnes), commandé par le Commandant Ernest Lainé, appareilla de Roscoff pour Plymouth juste avant minuit, pour son voyage inaugural. Il arriva à Plymouth le lendemain à 07:00. Finalement, le *Kerisnel* ne fut pas refondu, et fut vendu en octobre 1974 à la Cie Générale Maritime à Marseille. L'ancien navire amiral de la compagnie fut rebaptisé *La Durance*.

Au cours du mois d'octobre, Brittany Ferries dut affrêter le cargo *Valérie* (3390 tonnes) pendant un mois, pendant que le *Penn-Ar-Bed* subissait son entretien annuel. L'affrêtement d'un navire exclusivement cargo ne s'avéra pas totalement satisfaisant, surtout avec l'augmentation du secteur passagers du trafic suite à la mise en service du nouveau navire passagers au début de l'année.

En raison des réservations prometteuses, la saison 1975 vit l'édition des premières brochures glacées de la compagnie. Au cours des années suivantes, la Brittany Ferries publia les plus belles brochures de vacances jamais éditées par une compagnie de navigation. La reproduction de ces brochures en couleurs contribuèrent à rehausser la prise de conscience du public britannique de la Bretagne, qui devint la première destination des

France, to build a new ferry for the link,. The ferry would be designed to carry passengers and their cars, together with freight, and it was envisaged that she would operate with the *Kerisnel*, which would be converted to provide passenger accommodation for the next season.

The new ship, named *Penn-ar-Bed* (Breton for Land's End), was delayed at the builders by a strike, and it was not until mid-January 1974 that she was able to undergo her sea trials. Prior to her entering service, she was opened to the public, who described the new vessel as the 'Beau Bateau' The new ferry had a capacity for 50 freight vehicles, or a mixture of freight and cars, and accommodation for 250 passengers. With a service speed of 19 knots, she was ideal for the 6 hour journey between the two ports. On 24th January the *Penn-ar-Bed* (2,891 gross tons), under the command of Captain Ernest Laine, slipped her moorings at Roscoff just before midnight on her maiden voyage to Plymouth. She arrived at Plymouth the next morning at 07.00. In the event the *Kerisnel* did not undergo her major refit for passenger operations. She was later sold in October 1974 to Cie. Génerale Maritime, Marseilles and renamed *La Durance*.

During October Brittany Ferries chartered the freight ship *Valérie* (3,390 gross tons) for a month, while the *Penn-ar Bed*

Ferry Publications Library

Le *Prince de Bretagne* quitte Plymouth à destination de Roscoff

The *Prince de Bretagne* leaving Plymouth for Roscoff.

Le tout premier ferry de la Brittany Ferries, le *Kerisnel* arrivant à Roscoff en 1973.

The very first ferry of Brittany Ferries, the *Kerisnel* seen arriving at Roscoff in 1973.

Brittany Ferries

Le *Penn-ar-Bed* manoeuvrant devant le port de Roscoff en mai 1974. Sur cette photo il est peint dans les couleurs d'origine de la compagnie.

The *Penn-ar-Bed* swinging off the harbour at Roscoff in May 1974. This picture shows the vessel in the original livery of the company.

Brittany Ferries

Brittany Ferries

Brittany Ferries

FotoFlite

1. Le *Cornouailles* quitte Plymouth à destination de Roscoff.

The *Cornouailles* leaving Plymouth for Roscoff during 1978.

2. En 1978 le *Prince of Brittany* rentra en service sur la ligne St-Malo – Portsmouth. Ici ce navire très élégant navigue au large des côtes bretonnes.

In 1978 the *Prince of Brittany* entered service on the St.Malo-Portsmouth route. The fine looking vessel is seen here off the coast of Brittany.

3. L'*Armorique* au large de l'île de Wight met le cap sur St-Malo.

The *Armorique* heading away from the Isle of Wight for St. Malo.

Brittany Ferries

Le *Penn-ar-Bed* et le *Prince de Bretagne* ensemble à Roscoff en avril 1975

The *Penn-ar-Bed* and the *Prince de Bretagne* pictured at Roscoff together in April 1975.

vacanciers britanniques voyageant à l'étranger en voiture.

Au cours de 1975, Christian Michielini fut nommé Directeur Général, et son arrivée dans la compagnie devait s'avérer déterminante pour la croissance ultérieure de Brittany Ferries, dans les deux décennies à venir.

Au début de 1975, Brittany Ferries annonca qu'elle avait affrété le *Falster* (2424 tonnes) pour six mois à partir d'avril, avec une option d'achat en cas de succès. La nouvelle unité fut rebaptisée *Prince de Bretagne*. Après l'affrêtement du ferry suédois, Brittany Ferries fut en mesure d'assurer deux traversées par jour entre Roscoff et Plymouth. Le programme du *Penn-Ar-Bed* était de partir de Plymouth à 23:00, d'arriver en Bretagne à 07:00, pour repartir de son port d'attache à 12:00. Le *Prince de Bretagne* partait de Roscoff, et revenait du Devon en Bretagne à 11:00. Le navire affrété n'était pas parfaitement adapté au trafic passagers, et l'option de racheter le *Prince de Bretagne* ne fut pas retenue par la compagnie bretonne. Le "Prince" fut rendu à ses armateurs en octobre.

Entre temps, au début de l'année plusieurs compagnies se sont

underwent her annual survey and overhaul. The charter of a freight-only ship was not really satisfactory, especially as passenger traffic was now increasing, following the introduction of the new passenger vessel earlier in the year.

In the light of good bookings for the following season, the first glossy brochure of the company was produced. Brittany Ferries in the following years were to provide some of the best looking holiday brochures ever produced by any ferry company. The reproduction of their colour brochures was also to heighten the British public's awareness of the beauty of Brittany as a holiday destination.

During January 1975 Christian Michielini joined as Managing Director. His association with the company was to play a substantial part in the successful growth of Brittany Ferries during the next two decades.

Brittany Ferries announced in April 1975 that they had chartered the vessel *Falster* (2,424 gross tons) for six months, with an option to purchase her, if she proved to be a success. The new

intéressées à la possibilité de remettre en place un service entre le Royaume Uni et St-Malo, parmi eux les British Railways qui avaient fermé la ligne en 1964. Des trois compagnies intéressées, seule la T-T Line poussa ses études jusqu'au bout et eut l'intention d'assurer un nouveau service estival du 28 mai au 12 octobre, avec son ferry passagers *Mary Poppins* (ex *Goesta Berling*) avec 5 traversées aller et retour par semaine. Mais les syndicats des dockers et des marins britanniques, ainsi que les agriculteurs bretons, s'opposèrent énergiquement à cette démarche puisqu'ils considèrent que le nouveau service porterait atteinte, à la longue, aux intérêts des autres opérateurs de l'Ouest de la Manche. Le *Mary Poppins* arriva à Southampton fin mai afin d'inaugurer la nouvelle ligne. Aussitôt le personnel de la Townsend Thoresen et de la Sealink firent grève et pour en finir le service ne se réalisa pas.

Devant cet état de choses, la Brittany Ferries commença à étudier de nouvelles lignes pour relier les Iles Britanniques et la Bretagne. A titre d'expérience, la compagnie inaugura trois départs hebdomadaires de St-Malo vers Portsmouth entre la mi-août et

tonnage was renamed *Prince de Bretagne*. Her charter now meant that the company was able to provide a twice daily service between Roscoff and Plymouth. The *Penn-ar-Bed* was rostered to take the 23.00 sailing from Plymouth, arriving in Brittany at 07.00 and then returning from her home port at 12.00, while the *Prince de Bretagne* operated from Roscoff and returned to Brittany from Devon at 11.00. In the event the chartered ship was not really suitable for passengers, the option to purchase her was not taken up, and she was returned to her owners in October.

Meanwhile earlier in the year a number of companies had expressed interest in re-establishing a UK-St. Malo route, including British Rail, who had closed the route in 1964. Of three companies, T-T Line pursued the project and planned to open their new season service from Southampton, from 28th May until 12th October, using the passenger ferry *Mary Poppins* (ex. *Goesta Berling*), which would operate five sailings a week in each direction.

Ferry Publications Library

L'*Armorique* arrivant à Plymouth avant d'inaugurer la ligne Portsmouth – St-Malo.

The *Armorique* arriving at Plymouth prior to her opening of the St. Malo-Portsmouth link.

Miles Cowsill

Le gracieux *Armorique* arrive à St-Malo de Portsmouth au coucher du soleil.

The graceful *Armorique* arriving at St. Malo from Portsmouth in the late evening sun.

Cabine de luxe, Pont A.
Luxury Cabin on Deck A.

ARMORIQUE

Le Bar "Iroise".
The 'Iroise' Bar.

Le Salon de Thé "Le Corsaire".
'Le Corsaire' Tea Shop.

FotoFlite

Brittany Ferries

Le *Prince of Brittany* croise le *Corbière* de la Channel Island Ferries dans la Manche.

The *Prince of Brittany* passes Channel Island Ferries' *Corbière* in the English Channel.

En 1980 Brittany Ferries affréta le navire finlandais *Goelo* pour deux ans afin d'exploiter le service de St-Malo avec le *Prince of Brittany*.

Brittany Ferries chartered in 1980 for two years the Finnish vessel *Goelo*, to operate with the *Prince of Brittany* on the St. Malo service.

début octobre. L'expérience fut un succès, et Brittany Ferries décida d'ouvrir la ligne de St-Malo à compter de 1976, utilisant le terminal ferry nouvellement créé de Portsmouth du côté britannique. Le navire désigné pour cette nouvelle ligne était le navire de construction française *Terje Vigen* (5732 tonnes), initialement conçu pour relier le Danemark et la Norvège. Le navire, sous pavillon norvégien, fut acheté par Brittany Ferries, et subit une refonte importante avant son arrivée à Plymouth le 4 mars 1976. Le *Terje Vigen* fut rebaptisé *Armorique* et devint l'unité la plus fidèle et la plus utilisée de la compagnie pendant ses dix années suivantes de service. L'*Armorique* fut d'abord affecté à des parcours de fret entre Roscoff et Plymouth jusqu'au 25 mars. Sa première traversée passagers eut lieu le 25 mars, et quelques semaines plus tard il inaugura la ligne St-Malo-Plymouth, avant l'achèvement du nouveau terminal à Portsmouth.

NOUVEAUX RECORDS

L'*Armorique* a ouvert la ligne St-Malo-Portsmouth le 7 juin, et a inauguré le nouveau terminal du port. Cette première saison, Portsmouth n'eut à prendre en charge que les mouvements de l'*Armorique* et du *Viking Victory* de la Townsend Thoresen.

Brittany Ferries

Le *Penn-ar-Bed* décharge à St-Malo.

The *Penn-ar-Bed* unloading at St. Malo.

There was strong trade union opposition to the new service from both dockers and seamen in Britain and farmers in Brittany, as it was thought the new service to Brittany would affect the other operators in the western Channel in the long term. The *Mary Poppins* arrived at Southampton at the end of May to open the new link. Immediately, both Townsend Thoresen and Sealink were affected by strikes in opposition to the new service, which in the event did not materialise.

In the light of this, Brittany Ferries began to investigate starting their own route from Brittany to England. As an experiment during the late summer, the company operated three sailings a week from St. Malo to Plymouth from mid-August to early October. The trial operation proved to be a great success, and it was decided to open a St. Malo route with the UK as from 1976, using the newly established ferryport at Portsmouth. The ship chosen to operate the new link was the French-built *Terje Vigen* (5,732 gross tons), originally built for a service between Norway and Denmark. This Norwegian-registered ship was purchased by Brittany Ferries and underwent a major refit prior to her arrival at Plymouth on 4th March 1976. The newly acquired vessel was renamed *Armorique* and was to become the most faithful and widely travelled ship of the company in her next two decades of service. The *Armorique* was placed initially on the freight runs between Roscoff and Plymouth, and on 25th March she made her first passenger sailing. Some two weeks later she commenced passenger operations between St. Malo and Plymouth, prior to the completion of the new terminal at Portsmouth.

NEW RECORDS

The *Armorique* opened the St. Malo-Portsmouth service on 7th June, using the newly completed ferry terminal. During the first season the new ferryport handled only sailings of the *Armorique* and Townsend Thoresen's *Viking Victory*. Today the terminal operates up to 30 sailings a day during the peak summer season and also handles some of the largest ferries operating out of the British Isles. During the first season the *Armorique* sailed from St. Malo in the morning and from Portsmouth in the evening inward to Brittany.

Aujourd'hui, le terminal de Portsmouth gère jusqu'à 30 mouvements par jour en été, et prend en main certains des plus grands ferries opérant des ports britanniques. Pendant sa première saison, l'*Armorique* appareillait le matin de St-Malo, et le soir de Portsmouth pour son retour vers son port d'attache.

Avec deux liaisons ferry entre la Bretagne et l'Angleterre, et trois navires, la compagnie était prête à briser de nouveaux records. La confiance de la compagnie était si grande, qu'elle commanda une nouvelle unité pour livraison l'année suivante.

Malheureusement, les prévisions faites pour la saison 1976 furent remises en question le matin du 5 juillet, quand l'*Armorique* s'échoua, en approchant St-Malo par brume épaisse. L'une de ses hélices à pas variable fut gravement endommagée, et il y eut quelques avaries de coque, forçant l'*Armorique* à se rendre au Havre pour réparations. Le *Bonanza* (2399 tonnes), qui avait été affrêté chez Fred Olsen pour la saison sur Roscoff, fut transféré sur la ligne de St-Malo à titre temporaire. Ce navire norvégien pouvait embarquer 500 passagers et 200 voitures, mais n'était pas équipé pour des traversées nocturnes, muni que de quelques cabines de jour. Brittany Ferries s'efforca par tous les moyens de trouver un autre bateau pour pallier l'absence de l'*Armorique,* mais sans succès, et il fut décidé de transférer le *Penn-Ar-Bed* de Roscoff, puisque il offrit une gamme de cabines plus appropriée à cette traversée d'une durée de 9 heures. Le syndicat TGWU local de Plymouth décida quant à lui d'empêcher "leur" navire d'aller sur la ligne de St-Malo, décidés à ne pas sacrifier le service Plymouth-Roscoff pour régler les problèmes rencontrés par la compangnie sur la ligne St-Malo – Portsmouth. Par suite de l'action syndicale, le *Penn-Ar-Bed* fut retardé de près de 15 heures, tant qu'aucun accord ne fut trouvé avec les syndicats sur l'affectation du navire à la ligne de St-Malo jusqu'au 15 août. Le *Bonanza* reprit du service sur Roscoff jusqu'au retour du *Penn-Ar-Bed,* assurant tant bien que mal un service assez bancal.

On trouva un navire pour remplacer l'Armorique, toujours en réparations, sous la forme de l'*Olau West* (3100 tonnes), et ce ferry danois entra en service fin août. Deux jours plus tard, une catastrophe frappa le navire affrêté, qui, en quittant St-Malo avec 600 passagers à bord, s'échoua à proximité du Môle des Noires, à l'entrée nord de l'avant port. L'*Olau West* ne flotta pas avant 12:12,

With two ferry links from Brittany to England and three ships, the company now looked set to break new records. Such was the confidence of the company that it ordered a new ship from a Norwegian yard for delivery the following season.

Sadly, operations did not go as planned for the 1976 season. On the morning of 5th July the *Armorique* ran aground as she approached St. Malo in thick fog. One of her variable pitch propellers was severely damaged, and with slight damage to her hull she had to be withdrawn from service for repairs at Le Havre. The *Bonanza* (2,399 gross tons), which had been chartered from Fred Olsen for the Roscoff service during the summer, was switched to the St. Malo route as a temporary measure. The Norwegian ship was able to accommodate 500 passengers and 200 cars, but because she was only a day vessel with only a few cabins, she was not ideal for the 9 hour link. Brittany Ferries made frantic efforts to find another ship in the absence of the *Armorique*, but without success, so it was decided to switch the *Penn-ar-Bed* from Roscoff, as her selection of cabins offered more suitable accommodation for the nine hour link. The local Transport & General Workers Union at Plymouth took it upon themselves to stop the vessel initially going to the St. Malo route, as they were not prepared to sacrifice the Roscoff service to meet the company's problems on their St. Malo-Portsmouth route. As a result of the union action, she was delayed for some 15 hours, before agreement could be made with the British unions for her transfer on 15th August. The *Bonanza* returned to the Roscoff service, providing a rather unbalanced operation until the return of the *Penn-ar-Bed.*

In late August, the Danish ship *Olau West* (3,100 gross tons) was eventually chartered to replace the *Armorique*, whilst she was still under repair. Some two days later disaster struck the chartered ship also, when, following her morning departure from St. Malo, she ran aground with 600 passengers on board. She grounded close to the Môle Des Noires, in the outer entrance to the harbour; and was not floated again until 12.12, when it was found that it was safe for her to continue her passage to England. However, after arriving at Portsmouth, it was decided to withdraw her from service for repairs at Flushing in the Netherlands. Passengers and cars had to be transferred to sailings of Townsend Thoresen from Southampton and Portsmouth, until the *Olau West* was able to resume service.

Le *Duc de Normandie* assure son service quotidien entre Caen et Portsmouth.

The *Duc de Normandie* on her daily passage between Caen and Portsmouth.

FotoFlite

Le *Benodet*, nouvellement remis en état, prend une allure élégante en descendant la Manche avant de rentrer en service sur la ligne Roscoff-Plymouth.

The *Benodet* fresh from overhaul makes a fine sight as she heads down the English Channel, prior to her entering service between Roscoff-Plymouth.

FotoFlite

Brittany Ferries

Le *Quiberon* remplaça l'*Armorique* sur l'Espagne en 1982. Ici il arrive à Santander pendant sa première saison.

The *Quiberon* replaced the *Armorique* on the Spanish service in 1982. She is seen here arriving at Santander during her first season.

Ferry Publications Library

Le *Cornouailles* (construit en Norvège) appareille de Plymouth au début d'une traversée inaugurale mouvementée à destination de Roscoff .

The Norwegian built *Cornouailles* departing from Plymouth on her eventful maiden voyage to Roscoff.

heure à laquelle il put repartir pour l'Angleterre. Cependant, après son arrivée à Portsmouth, on du l'envoyer à Flushing, Hollande, pour réparations. Les passagers et les voitures furent transférés vers des navires de la Townsend Thoresen depuis Southampton et Portsmouth, jusqu'à ce que l'*Olau West* puisse reprendre son service une nouvelle fois.

L'*Olau West* était loin d'être parfait pour la ligne, et Brittany Ferries n'était pas satisfait. La liaison fut donc fermée le 10 octobre, pour permettre à la Chambre de Commerce et d'Industrie de St-Malo d'entreprendre le programme d'amélioration des accès à la gare maritime. Ces améliorations permettraient par la suite à la compagnie d'opérer toute l'année et à presque toutes les heures de marée.

Les réparations de l'*Armorique*, qui ne devaient durer que quatre semaines, prirent en fait trois mois. Malgré le problème saisonnier de St-Malo, la ligne attira 75000 passagers et 18000 voitures pendant les quatre mois d'exploitation. Brittany Ferries put voir le potentiel du nouveau port de Portsmouth, avec son superbe réseau routier vers les autres régions de la Grande Bretagne, et la

The *Olau West* was far from an ideal ship for the route, and Brittany Ferries were not happy with the service. As a result the link was closed on 10th October, to enable the St. Malo port authorities to carry out a further programme of improvements to the approaches to the ferryport. These improvements would enable the company in future to operate all the year round and at most stages of tides.

Repairs to the *Armorique*, which were only expected to take four weeks, in fact took just over three months. Even with the problems of the season at St. Malo, the route attracted some 75,000 passengers and 18,000 cars in the four months of operation. Brittany Ferries were able to see the potential of Portsmouth, with its superb road communications with other parts of Britain, and soon the company started to consider other links from the port to France. Some ten years later the Caen-Portsmouth route was opened, which was to prove one of the greatest successes of Brittany Ferries.

During October Brittany Ferries was considering operating a joint service between Roscoff and Rosslare (Eire) in conjunction

compagnie commença à envisager d'autres liaisons entre Portsmouth et la France. Quelques dix années plus tard la ligne Portsmouth-Caen fut inaugurée pour devenir une des plus grandes réussites de la Brittany Ferries.

Dans le courant du mois d'octobre, Brittany Ferries envisagèrent d'exploiter, en commun avec la Irish Continental Line, une ligne entre Roscoff et Rosslare (République d'Irelande). Mais l'opération ne vit jamais le jour, les deux compagnies n'ayant pas réussi à se mettre d'accord.

Le *Cornouailles* (3382 tonnes) entra en service le 24 mai 1977, mais des pêcheurs en colère l'empêchèrent de rentrer à Roscoff pour protester contre l'arraisonnement d'un de leurs bateaux par la Royal Navy. Il dut repartir vers l'Angleterre, où les passagers l'utilisèrent comme hotel en attendant que le conflit soit réglé, trois jours plus tard. Suite à la rentrée en service du *Cornouailles*, le nombre de liaisons Roscoff-Plymouth fut augmenté, avec jusqu'à trois départs quotidiens le weekend. En plus de l'augmentation de trafic sur Roscoff, Le *Penn-Ar-Bed* partirait de Plymouth vers St-Malo à 10:00 le lundi et le mardi, arrivant en France à 19:00. Les départs de St-Malo vers le Devon avaient lieu le lundi et le vendredi à 23:00. Le reste de la semaine, il prêta son assistance à l'*Armorique*, sur la ligne Portsmouth-St Malo.

Vers la mi-juin *Penn-ar-Bed* dut remplacer le *Cornouailles* pendant une courte période, en raison de problèmes de propulseur d'étrave sur le nouveau bâtiment. Après les problèmes de l'année précédante, la saison 1977 de l'*Armorique* sur la ligne de St-Malo fut une grande réussite avec une augmentation du trafic passagers.

with Irish Continental Line. In the event, the joint operation did not take place, as both companies failed to come to agreement upon the new venture.

The newly built *Cornouailles* (3,382 gross tons) entered service on 24th May 1977. She was prevented from docking at Roscoff on her maiden voyage by protesting fishermen, following the arrest of one of their boats by the Royal Navy. She was forced to sail back to Devon, where passengers used the ship as a hotel until the dispute was settled some three days later. Following the *Cornouailles* entering service, sailings were increased between Roscoff and Plymouth with up to three sailings a day being offered at weekends. In addition to the increased service on the Roscoff route, the *Penn-ar-Bed* operated from 27th May between Plymouth-St. Malo at 10.00 on Monday and Tuesday with an arrival in France at 19.00. Sailings from St. Malo to Devon were offered on Monday and Friday at 23.00. During the other part of the week she supported the *Armorique* on the Portsmouth link.

In June the *Penn-ar Bed* had to replace the *Cornouailles* for a short period, when the new ship had to be withdrawn with bow thruster failure. Following the problems of the previous season with the *Armorique*, she was to have a very successful year on the St. Malo-Portsmouth route, with increased passenger traffic on the link.

FotoFlite

Le ferry danois *Olau West* fut affrété en 1976 pendant que l'*Armorique* était en réparation suite à son échouage par temps de brouillard devant le port de St-Malo.

The Danish registered ferry *Olau West* was chartered in 1976, whilst the Armorique was off service following running aground on the approaches to St. Malo in thick fog.

LIAISONS AVEC L'ESPAGNE ET L'IRLANDE

A l'automne, Brittany Ferries dévoila ses projets d'expansion pour 1978, qui devaient comprendre l'établissement de liaisons avec l'Espagne au départ de l'Angleterre, et une nouvelle ligne de ferry entre Roscoff et Cork.

Pas moins de trois compagnies avaient déjà assuré des liaisons entre la Grande-Bretagne et l'Espagne, bien avant la décision bretonne de rétablir ce lien entre les deux pays. Les trois compagnies étaient la Swedish Lloyd, avec le *Patricia* sur Bilbao, l'Aznar Line avec le *Monte Toledo* sur Santander, et P&O Southern Ferries avec le *S.F. Panther* sur Saint-Sébastien. Toutes trois avaient opéré au départ de Southampton, mais aucune n'avait réussi à rentabiliser la ligne, avec ses 37 heures de mer, ce qui entraînèrent 2 nuits à bord sur chaque traversée. Swedish Lloyd et Aznar Line fermèrent leur ligne à la fin de l'été 1977, et P&O Southern Ferries abandonnèrent l'année précédente.

Brittany Ferries fit la démarche audacieuse de réouvrir la ligne, non pas de Southampton, estimant la traversée trop longue pour les passagers, mais depuis Plymouth. En assurant un service au départ de Plymouth, et avec l'autorisation du gouvernement français de passer à proximité des côtes bretonnes, il fut possible d'offrir une traversée de 23 heures. Les passagers de la nouvelle ligne, par

LINKS TO SPAIN AND IRELAND

In the autumn, Brittany Ferries announced further expansion plans for 1978, which were to include links to Spain from England and a new ferry service from Roscoff to Cork.

A British-Spanish link had been operated by no less than three companies during the previous ten years, prior to the Breton company's decision to reopen the link between the two countries. The three companies who had operated a service to Northern Spain were Swedish Lloyd using the *Patricia* to Bilbao, Aznar Line with the *Monte Toledo* to Santander, and P&O Southern Ferries, using the *S.F. Panther* to San Sebastian. All three companies had operated out of Southampton. However, they had all failed to make their operations pay, with passengers having to spend some 37 hours at sea, which involved two nights on board on both passages. Swedish Lloyd and Aznar had closed their services at the end of summer 1977. Meanwhile, P&O Southern Ferries had given up their service in the previous year.

Brittany Ferries took the bold step of reopening the link, not from Southampton, as they believed that the time at sea was too long for passengers, but instead they decided to resume the operation from Plymouth. By providing a service from Plymouth

Cornouailles et *Penn-ar-Bed* à Plymouth.
The *Cornouailles* and the *Penn-ar-Bed* at Plymouth.

Ferry Publications Library

Ferry Publications Library

Photo impressionante du *Prince of Brittany* naviguant vers Portsmouth avant d'être acheté par la Brittany Ferries.

An impressive view of the *Prince of Brittany* on passage to Portsmouth, prior to her purchase by Brittany Ferries.

Jack Phelan

L'*Armorique* arrive à Cork le jour de la Saint Patrick en 1978.

The *Armorique* arriving at Cork City on St Patrick's Day 1978.

conséquent, ne passeraient qu'une seule nuit à bord, au lieu de deux précédemment.

L'*Armorique* fut choisi pour assurer le service bi-hebdomadaire le lundi et mercredi au départ de Plymouth. A son retour d'Espagne le vendredi, l'*Armorique* assurerait une traversée supplémentaire sur Roscoff, se mettant ainsi en position d'effectuer un aller-retour sur Cork le weekend. Avant que l'*Armorique* n'inaugure les nouvelles lignes espagnole et irlandaise, le bateau bénéficia d'une refonte, comprenant l'adjonction d'une salle de cinéma, d'une salle de jeux, et des installations de restauration améliorées.

Par ailleurs, l'*Armorique* fut remplacé par le *Prince of Fundy* (5465 tonnes) sur la ligne de St-Malo en 1978. Ce navire suédois avait été construit pour la nouvelle ligne de la Lion Ferry entre le Canada et les USA. Son nom se rapportait à la Baie de Fundy, qu'il traversait de Yarmouth (Nouvelle-Ecosse) à Portland (Maine). Après six ans d'Océan Atlantique, il fut transféré sur la ligne originale de la compagnie, entre Varberg en Suède et Grena, au Danemark. Deux années plus tard, il fut libre à l'affrètement, et Brittany Ferries accepta de le louer pour deux ans. Le nouvel affrété fut rebaptisé *Prince of Brittany*, et assura le service de St-Malo avec le *Penn-Ar-Bed* en 1978. Le "Prince" fut très apprécié du public, et resta sur la ligne jusqu'en 1988.

Mike Lennon

Le *Regina* fut affrété par la Brittany Ferries en 1979 pour assurer le service de St-Malo pendant l'absence du *Prince of Brittany*.

The *Regina* was chartered by Brittany Ferries in 1979 to cover the St. Malo route in the absence of the Prince of Brittany.

and obtaining agreement with the French Government to pass close to the western coast of Brittany, the company was able to offer a 23 hour link, thereby cutting out the two nights on the ship, which had been the downfall of the previous operations.

The *Armorique* was chosen to operate the twice-weekly service on Mondays and Wednesdays from Plymouth. On her return from Spain on a Friday, she would then provide an extra sailing on the Roscoff route, to enable her to be in position ready for a round trip to Cork at the weekends. Prior to the *Armorique* opening the new Spanish and Irish services, she underwent a major refit, which included the provision of a cinema, playroom and improved catering facilities for the longer operations.

Meanwhile the *Armorique* was replaced by the chartered Swedish vessel *Prince of Fundy* (5,465 gross tons) on the St. Malo service in 1978. The ship had been originally built for Lion Ferry's new service linking Canada and the U.S.A. and had been named after the Bay of Fundy, which she crossed between Yarmouth (Nova Scotia) and Portland (Maine). After six years across on the other side of the Atlantic, she was transferred to the company's original service between Varberg (Sweden) and Grena (Denmark). Two

Ferry Publications Library

L'*Armorique* à Plymouth sous le soleil couchant.

The *Armorique* captured in the evening sun at Plymouth.

Avant de commencer à assurer le service régulier, l'*Armorique* fut envoyé à Cork pour son voyage d'accoutumance. Il embarqua des élus locaux bretons, qui rencontrèrent leurs homologues à Cork le jour de la Saint Patrick. Plus tard ce même jour, l'*Armorique* fut ouvert au public.

Avant l'ouverture officielle de la ligne irlandaise, Brittany Ferries fut en conflit avec la Irish Continental Line sur cette ligne. ICL prétendait faire valoir l'accord de l'année précédente pour l'exploitation conjointe de la ligne. La compagnie bretonne maintint néanmoins qu'un tel accord ou contrat n'existait plus. La compagnie irlandaise arrêta la procédure entammée à l'encontre de Brittany Ferries au mois d'avril.

L'*Armorique* inaugura la ligne Plymouth-Santander le 17 avril 1978 et le navire fut très apprécié du public. Au cours des dix années suivantes le nouveau service vers l'Espagne évolua rapidement et il s'avéra nécessaire d'augmenter le tonnage afin de

years later she was made available for charter, and Brittany Ferries agreed to take the vessel for a two year period initially. The newly chartered ship was named *Prince of Brittany* and operated the St. Malo service from 1978, with the support of the *Penn-ar-Bed*. The 'Prince' proved to be a very popular vessel with the travelling public on the link and was to remain on the route for the next ten years.

Prior to the *Armorique* operating to Ireland she was sent on a familiarisation run to Cork. On her first visit she took local authority representatives from Brittany to meet their Irish counterparts at Cork on St. Patrick's Day. Later on the same day the vessel was opened to the public, prior to entering commercial service.

Before the new Irish service officially opened Brittany Ferries were involved in a dispute with Irish Continental Line over the new route. ICL believed that they had an agreement to operate a joint service from the previous year. However, Brittany Ferries maintained that there was no such contract or agreement. In the

satisfaire à la demande accrue. Le nouveau service saisonnier sur l'Irlande eut autant de succès que celui sur l'Espagne. En 1979, Brittany Ferries annonca que le service espagnol serait maintenu au long de l'année.

La direction de Brittany Ferries envisageait la prochaine saison avec confiance, avec tous les signes d'un accroissement du trafic passagers et voitures, mais malheureusement ce fut une saison à problèmes. L'*Armorique* fut envoyée à Falmouth pour son entretien annuel, et pour améliorer encore le confort passagers avant la réouverture de la ligne d'Espagne le 10 février 1979. Malheureusement, il fut victime d'une grève du chantier naval pendant les opérations de remise en état, et les travaux ne furent achevés qu'en avril. En attendant, le *Prince of Brittany* fut basculé sur Santander, en attendant le retour de l'*Armorique*.

Il était prévu qu'en 1979 la ligne Roscoff-Plymouth soit assurée par le *Cornouailles*, tandis que le *Prince of Brittany* et le *Penn-Ar-Bed* assureraient la liaison St-Malo-Portsmouth. Le *Penn-Ar-Bed* assurerait en même temps la ligne saisonnière de St-Malo à Plymouth. Brittany Ferries affrêta également le transbordeur *Normandia* (2311 tonnes) sur les lignes de Cork et de Plymouth. Ce event, the Irish ferry company later withdrew their proceedings against Brittany Ferries.

The *Armorique* opened the new Plymouth-Santander route on 17th April 1978. She was to prove a popular vessel on the link. The new Spanish service was to grow very rapidly over the next ten years and gradually larger tonnage had to be introduced to meet the increased demand. The new seasonal Irish service operated very successfully and like the Spanish operation grew. In 1979 the Spanish service was extended to an all the year round basis.

Brittany Ferries looked forward to the next season with great confidence with all the signs of increased passenger and car traffic, but sadly it was to prove a season fraught with problems. The *Armorique* was sent to Falmouth Ship Repairers for her annual refit and further improvements to her passenger accommodation, prior to her reopening the Spanish service on 10th February 1979. Unfortunately, she became a victim of a strike at the British yard, whilst undergoing her refit, and work was not completed on her until April. Meanwhile, the *Prince of Brittany* had to be switched to the Santander service, as a temporary measure until the *Armorique* could be released.

FotoFlite

Le ferry transbordeur *Normandia* fut affrété par la Brittany Ferries en 1979 pour renforcer les opérations fret entre la Bretagne et le Royaume-Uni.

The ro-ro vessel *Normandia* was chartered by Brittany Ferries in 1979 to back up freight operations between Brittany and the UK.

Brittany Ferries

Le *Prince of Brittany* assure son service matinal au départ de St-Malo à destination de Portsmouth.

The *Prince of Brittany* captured on her early morning sailing from St. Malo to Portsmouth.

Brittany Ferries

En 1980, la Brittany Ferries acheta le *Breizh-Izel* pour assurer des opérations fret au sein du groupe.

In 1980 Brittany Ferries purchased the *Breizh-Izel* for freight operations within the group.

réseau complexe de lignes dépendait du bon entretien de la flotte, et également d'une bonne gestion dans les ports, en particulier avec les rotations très serrées qui étaient prévues. Tout se passa bien jusqu'en mi-juin, quand trois ferries de la compagnie tombèrent en panne successivement. Le *Cornouailles* d'abord, suivi du *Penn-Ar-Bed* et du *Prince of Brittany*. La défaillance des trois navires obligea la compagnie à affrêter le *Munster* (4067 tonnes), un ferry assez fatigué de B&I, pendant 20 jours en remplacement du *Cornouailles*. On du prolonger le contrat quand le *Prince of Brittany* tomba en panne. Le *Munster* était loin des normes de qualité Brittany Ferries, et les passagers embarquant sur ce bateau irlandais se voyaient remettre une lettre d'excuses pour le niveau de prestations à bord. En fin de compte, un navire plus convenable a pu être affrêté pour remplacer le *Munster* – le navire danois *Regina* (8020 tonnes) – jusqu'au retour du "Prince". La compagnie divulgua plus tard que les trois navires furent victimes des problèmes analogues lors de leur passage dans un chantier brestois. On pense que les problèmes ont été provoqués par les paliers montés par ce chantier lors de la remise en état des bateaux l'hiver précédent.

Le *Cornouailles* fut transféré sur Cork à la place du *Penn-Ar-Bed* en automne, les réservations étant supérieures aux prévisions. A la fin de l'année, la compagnie avait enregistré une augmentation générale du trafic passagers, voitures et fret, en dépit des avatars de l'été.

It was planned for 1979 that the Roscoff-Plymouth service would be covered by the *Cornouailles*, while the *Prince of Brittany* and the *Penn-ar-Bed* would work the St. Malo-Plymouth link. In addition to the *Penn-ar-Bed* covering the Portsmouth service, she would also cover the seasonal service from St. Malo to Plymouth. Brittany Ferries also chartered the freight ship *Normandia* (2,311 gross tons) to cover the Cork, Plymouth and Portsmouth services. The complex web of services relied on good maintenance of the fleet and also good management at the ports, especially with very tight turnarounds expected between sailings. All went to plan until mid-June, when three of the company's ferries in succession broke down. The *Cornouailles* was first, followed by the *Penn-ar-Bed* and then the *Prince of Brittany*. As a result of the failure of the three ships, the company was forced to charter the rather shabby B&I ferry *Munster* (4067 gross tons) for a 20 day period to cover the absent *Cornouailles*. The charter had to be extended when the *Prince of Brittany* then broke down. The Irish vessel was a far cry from the high standards of Brittany Ferries, and passengers boarding the ship were issued with letters apologising for the poor standard of accommodation offered on board. Eventually a more suitable vessel was found to replace the *Munster*, in the Danish registered *Regina* (8,020 gross tons) which was chartered until the 'Prince' returned from repairs. It was later disclosed that all three ships had been plagued with similar mechanical problems when they had been refitted at a Brest shipyard. It is believed that the problems were attributed to engine bearings which had been fitted by the yard during their overhauls the previous winter.

Later in the year the *Cornouailles* was switched to cover the autumn service to Cork, in place of the *Penn-ar-Bed*, as bookings were better than expected. By the end of the year the company had attracted an increase in passenger, car and freight traffic, even with the problems that had beset them during the summer.

UNE NOUVELLE DECENNIE

La saison suivante, trois nouveaux navires sont rentrés en service avec la Brittany Ferries. D'abord elle décida d'affrêter le cargo italien *Faraday* (2932 tonnes) pour assurer la liaison de St-Malo. La compagnie fit également l'acquisition du cargo grec *Iniochos Express* (2708 tonnes) de la Iniochos Shipping S.A., pour les lignes Plymouth-Santander et Plymouth-Roscoff. Ce cargo de dix ans, construit à Hong-Kong pour la Union S.S. Co, de Nouvelle-Zélande, fut rebaptisé *Breizh-Izel.*

Entre temps, les horaires d'été de St-Malo à Portsmouth furent étendus, en raison du fort niveau des réservations sur cette ligne. Afin de satisfaire à cette demande Brittany Ferries affrêta également le *Viking* 6 (4989 tonnes) pour desservir St-Malo avec le *Prince of Brittany* pendant l'été. Le *Viking* 6 fut rebaptisé *Goelo,* le nom d'une région du Nord-est de la Bretagne. Le *Goelo* assura le service pendant deux ans. Il s'agit d'un navire extrêmement confortable, avec des cabines excellentes, aménagées du temps de ses croisières en Alaska. Le navire fut un partenaire de choix pour le *Prince of Brittany* sur la ligne de St-Malo pendant les deux ans qui suivirent. Son seul défaut fut le manque de hauteur disponible sur ses ponts garages. Entre temps, le *Prince of Brittany* fut racheté à ses armateurs suédois en 1980, pour la somme de 8 millions de dollars, et fut dûment immatriculé à Morlaix.

A NEW DECADE

Three new vessels entered service with Brittany Ferries for the next season. Firstly the company decided to charter the Italian freight ship *Faraday* (2,932 gross tons) to cover the St. Malo route for the next season .The company also purchased the Greek freight ship *Iniochos Express* (2,708 gross tons) from Iniochos Shipping S.A. to cover the Plymouth-Santander and Roscoff operations. The ten year old freight ship, built in Hong Kong for the Union S.S. Co., New Zealand, was renamed *Breizh-Izel.*

Meanwhile, the summer passenger schedules from St. Malo to Portsmouth were extended in the light of a good level of bookings for the route. To meet the increased demand Brittany Ferries also chartered the *Viking* 6 (4,989 gross tons) to cover the St. Malo service for the summer with the *Prince of Brittany.* The Finnish vessel was renamed *Goelo*, after a region in North-East Brittany. She was to operate for the next two seasons on the 9 hour link. The *Goelo* was an extremely comfortable ship, boasting excellent cabin accommodation fitted when she had been used on the Alaska cruise trade. The ship proved an excellent operating partner with the *Prince of Brittany* for the next two years, the only disadvantage with the chartered ship being that her headroom for freight was very limited. Meanwhile, the *Prince of Brittany* was purchased in 1980

John Hendy

L'élégant *Goelo* arrive à St-Malo le 30 juillet 1982.

The attractive looking *Goelo* arriving at St. Malo on the 30th July 1982.

Goelo

Brittany Ferries profita d'une saison sans encombres, jusqu'à la mi-août, quand toutes les lignes furent perturbées par un conflit déclenché par les marins-pêcheurs français. Les difficultés commencèrent le 13 août, et sept jours après tous les ports français faisaient l'objet d'un blocus par les pêcheurs. Townsend Thoresen et Sealink furent en mesure de transférer presque tous leurs passagers sur les ports Belges, mais la Brittany Ferries dut utiliser son escale espagnole de Santander. Le 20 août, l'*Armorique*, le *Prince of Brittany* et le *Goelo* appareillèrent de Plymouth à 90 minutes d'intervalle pour la traversée de 23 heures vers Santander, chargés de touristes autrement bloqués en Angleterre. Le *Penn-Ar-Bed* appareilla le lendemain. En fait, l'action des pêcheurs coûta très cher à la Brittany Ferries car, non seulement ils bloquèrent les escales françaises de la compagnie, mais ils empêchèrent aussi toute relève des équipages pendant toute la durée du conflit.

Le 21 août, le *Cornouailles* força le blocus à Roscoff; à la fin de la semaine, tout rentrait dans l'ordre, les pêcheurs français ayant accepté de réouvrir les ports aux trafic des vacanciers. Il fallut un certain temps à la compagnie pour rétablir ses services normaux, et en septembre le *Prince of Brittany* et le *Cornouailles* tournaient toujours sur des lignes qui n'étaient pas les leurs.

Dans le courant du mois de décembre, Brittany Ferries fit part de son projet d'affréter le navire de Fred Olsen *Boléro* (11344

from her Swedish owners for $8 million, and she was duly re-registered in the Breton port of Morlaix.

Brittany Ferries were to have a trouble-free season until mid-August when all services were disrupted by industrial action from French fishermen. The trouble started on 13th August when the first of the channel ports were affected by the blockade, and some seven days later all French ferryports were closed by industrial action. Townsend Thoresen and Sealink were able to transfer most of their passengers to Belgian ports, but Brittany Ferries were forced to use their Spanish port of Santander. On 20th August, at intervals of some 90 minutes, the *Armorique*, *Prince of Brittany* and the *Goelo* sailed from Plymouth to Spain, taking stranded holidaymakers on the 23 hour trip. The *Penn-ar-Bed* set sail the next day. The industrial action was to put the company to a lot of extra expense, as it not only closed the company's ports, but also meant that the crews on the French ships were unable to change over during the industrial dispute.

On 21st August the *Cornouailles* broke the blockade at Roscoff; and by the end of the week all the dramas were over, as the French fishermen agreed to reopen the blockaded ports to holiday traffic. It took some time for the company to re-establish their normal services, and during September the *Prince of Brittany* and the *Cornouailles* were still displaced on the wrong routes.

Tregor

tonnes) et de le rebaptiser *Tregor*, pour développer et améliorer la ligne de Santander. Le projet échoua au dernier moment, et la compagnie bretonne argua que les dispositions finales d'affrêtement ne pouvaient plus être prises avant la saison 1981. Si ce nouveau navire avait été affrêté, Brittany Ferries aurait porté à trois par semaine les traversées sur l'Espagne. Les chiffres de trafic pour 1980 dépassèrent de 18% ceux de l'année précédente. Cette croissance dramatique s'expliqua par l'élargissement de la gamme de produits vacances forfaitaires en France désormais proposées par la compagnie. Malgré cela, la compagnie annonca une perte d'exploitation de 1 million de livres pour l'année.

Avant le démarrage de la saison suivante, le *Prince of Brittany* fut affrêté par la Irish Continental Line pour remplacer son ancien sistership le *Saint Patrick* pendant ses réparations. Une coopération plus étendue avec ICL se développa en juillet, quand le *Breizh-Izel* fut loué à la compagnie irlandaise pour le service de Rosslare à Cherbourg et Roscoff. La saison fut réussie, sur le plan opérationnel. Le très agréable et très joli *Goelo* fit son dernier voyage pour la compagnie le 28 août, à l'issue d'une deuxième saison sur la ligne de St-Malo.

D'autres difficultés financières se firent jour, quand Brittany Ferries annonca que les pertes pour 1981 s'élèveraient à près de 2,4 millions de livres. La crise financière était due à l'endettement

During December Brittany Ferries announced plans to charter the Fred Olsen ship, *Bolero* (11,344 gross tons), and rename her *Tregor* to expand and improve the Santander route. The plan fell through at the eleventh hour, the company claiming that the charter could not be finalised for the 1981 season. Had the new vessel been chartered, Brittany Ferries planned to expand the service to three sailings a week to Spain. Traffic figures meanwhile for 1980 were up again on the previous year by some 18%. Part of this dramatic growth was due to the range of package holidays now offered by the company in France. However, the company was to disclose a trading loss of £1 million for the year.

Prior to the start of the next season, the *Prince of Brittany* was chartered by Irish Continental Line to replace her former sister the *Saint Patrick* whilst she underwent repairs. Further co-operation with ICL took place in July, when the freight ship *Breizh-Izel* was chartered to the Irish company for service between Rosslare-Cherbourg and Roscoff. The season proved successful, as far as operations were concerned. The pretty and very pleasing looking vessel *Goelo* completed her last sailing with the company on 28th August after her second season on the St. Malo route.

Further financial problems came to light in the autumn when Brittany Ferries announced that losses for 1981 would be in the region of £2.4 million. The financial crisis had been caused by

important pour l'achat de nouvelles unités, et dans une certaine mesure à la guerre des prix qui faisait rage depuis deux ans entre les opérateurs sur la Manche. On mit au point un plan de sauvetage financier. Près de 8,5 millions de livres furent réinjectés dans une nouvelle société holding. Le plan de sauvetage comprenait l'appui de banques régionales bretonnes, et un prêt à long terme du gouvernement français. La nouvelle société holding devint propriétaire des trois navires, l'*Armorique*, le *Cornouailles* et le *Prince of Brittany*, qui furent à leur tour affrêtés par Brittany Ferries qui devenait l'organe opérationnel de la holding. Le plan fut approuvé officiellement en février 1982, par le Conseil Régional de Bretagne. A la suite du plan de sauvetage, Brittany Ferries devint, en moins de dix ans, le plus important opérateur de ferries de la Manche Ouest, avec la flotte la plus moderne.

heavy borrowings for the purchase of new tonnage, and to some extent the crisis had been brought about by a price war which had raged with other ferry operators for the last two years on the English Channel. A financial package was set up to save the company and some £8.5 million was injected into a new holding company. The rescue package included support from local Breton banks and a long-term loan from the French Government. The new holding company became the owners of the three ships, the *Armorique*, *Cornouailles* and *Prince of Brittany*, which in turn were chartered back to Brittany Ferries, who became the operational arm of the holding company. The package was officially approved in February 1982, by the Breton Regional Council. Following the rescue package, Brittany Ferries was to grow into the biggest ferry operator in the western sector of the English Channel within a decade, operating the most modern fleet on the Channel.

Ferry Publications Library

Prince of Brittany

NOUVEAUX DEVELOPPEMENTS

Une fois Brittany Ferries rétabli sur une assise financière solide, d'autres développement et expansion eurent rapidement lieu. En premier lieu, un nouvel immeuble de bureaux fut construit à Portsmouth pour gérer les activités de la compagnie et ses activités croissantes de Gîtes et de vacances combinées. Brittany Ferries passa un accord de dix ans avec le British Transport Docks Board de Plymouth, de manière à accorder à la compagnie bretonne les droits exclusifs d'amarrage au terminal ferry. Le BTDB accepta par ailleurs d'améliorer ses installations portuaires.

La demande sur Santander dépassait maintenant largement la capacité de l'*Armorique*, et la compagnie affrêta à long terme, avec option d'achat, le *Nils Dacke* (7950 tonnes). Ce navire de 1975, de construction allemande, pouvait croiser à 22,5 noeuds, permettant de réduire la traversée sur l'Espagne de deux heures en pleine saison. Le navire fut rebaptisé *Quiberon*, d'après la presqu'île et la ville de Bretagne sud. Le nouveau bâtiment fut envoyé au chantier Jos. L. Meyer's, Papenburg, en R.F.A., pour une refonte importante. Les travaux incluaient des modifications aux ponts-garages, permettant l'aménagement de cabines supplémentaires pour ses nouvelles fonctions. Après refonte, le *Quiberon* pouvait embarquer

Jack Phelan

Le *Breizh-Izel* et l'*Armorique* à Cork le 1 juillet 1979.

The *Breizh-Izel* and *Armorique* pictured at Cork on the 1st July 1979.

NEW DEVELOPMENTS

Once Brittany Ferries was back on a firm financial footing, further expansion and development rapidly took place. Firstly, a new office block was built at Portsmouth to handle the company's operations and its growing gîte and special holiday packages. Meanwhile, Brittany Ferries entered into a ten year agreement with the British Transport Docks Board at Plymouth to give the company exclusive berthing rights at the ferry terminal. The B.T.D.B. agreed in turn to improve the port facilities.

In the light of the increased demand on all the company's routes, especially on the Santander service, Brittany Ferries chartered, with an option to purchase, the *Nils Dacke* (7,950 gross tons). The German built ship of 1975 could operate at 22.5 knots, enabling her to reduce the crossing time to Spain by some two hours during the peak season if required. The chartered ship was renamed *Quiberon*, after the peninsula and town in southern Brittany. The new ship was sent for an extensive refit at Jos. L. Meyer's shipyard at Papenburg, West Germany, where work included alterations to her car decks to provide extra cabins. Following these works she was able to carry 1,040 passengers and 252 cars. The *Quiberon* entered service in May, allowing the

Jack Phelan

Le *Cornouailles* prend une belle allure sous le soleil couchant devant la Blackrock sur la rivière Cork en mars 1979.

The *Cornouailles* makes a pleasant sight in the evening sun off Blackrock in the Cork river in March 1979.

Steffen Weirauch

Le *Nils Dacke*, construit en allemagne, fut affrété par la Brittany Ferries en 1982 pour exploiter les lignes de Santander et Cork. Le navire, sous pavillon suédois, fut rebaptisé *Quiberon* avant de remplir son nouveau rôle.

The German built *Nils Dacke* was chartered by Brittany Ferries in 1982 for their Santander and Cork operations. The Swedish registered ship was renamed *Quiberon* for her new role.

1040 passagers et 252 voitures. Le *Quiberon* prit son service en mai, ce qui permit à l'*Armorique* de reprendre la ligne de St-Malo-Portsmouth, qu'il avait inauguré en 1976. Le *Quiberon,* comme l'*Armorique,* desservirait Cork le weekend, et pendant l'été ferait un aller-retour Roscoff-Plymouth.

Au cours du printemps, le *Prince of Brittany* subit un grave incendie à bord, qui détruit ses groupes électrogènes. Pendant que le "Prince" était en réparations, l'*Ailsa Princess,* de la Sealink, assura la ligne de St-Malo, jusqu'à l'affrêtement du *Viking I* (4485 tonnes) de Rederi-AB-Sally, en attendant la remise en service du *Prince of Brittany* le 14 mai. L'*Armorique* rejoint le *Prince of Brittany* le 20 mai jusqu'à fin septembre. Le programme des deux navires pendant l'été devint la base du service jusqu'à 1988, permettant au *Prince of Brittany* d'appareiller de Saint-Malo le matin, et l'*Armorique* le soir,

Armorique to return to the St. Malo-Portsmouth link which she inaugurated in 1976. The *Quiberon*, like the *Armorique,* covered the Cork service at weekends, and also during the summer operated additional sailings between Roscoff and Plymouth.

During the spring, the *Prince of Brittany* suffered a serious fire on board which destroyed her generators. While the 'Prince' was off service for repairs, Sealink's *Ailsa Princess* was to cover the St. Malo route initially, until the *Viking 1* (4,485 gross tons) was chartered from Rederi-AB-Sally, before the return of the *Prince of Brittany* to service on 14th May. Meanwhile, the *Armorique* joined the 'Prince' on 20th May until the end of September. This roster of the two ships during the summer period was to form the basis of operations on the route until 1988, allowing for the *Prince of Brittany* to sail from St. Malo in the morning and the *Armorique* on the night

Ferry Publications Library

Le *Quiberon* prend une allure impressionante au large de la côte Ouest de la Bretagne, entre la Pointe de Raz et l'île de Sein, sur la ligne Plymouth-Santander.

The *Quiberon* makes an impressive view off the western coast of Brittany, between the Pointe Du Raz and Ile de Sein, on passage from Spain and England,.

vers la Grande-Bretagne. En hiver, le service était réduit à un seul départ par jour de chaque port. Juste avant la fin de sa saison estivale, l'*Armorique* fut victime des abords traîtres de son port d'attache de St-Malo, où il s'échoua dans la brume épaisse, le 18 septembre 1982. On dut retirer l'*Armorique* et le *Penn-Ar-Bed,* mis en vente, fut remis en service pour terminer la saison. Au retour de l'*Armorique*, le *Prince of Brittany* partit sur d'autres eaux, assurant une croisière ponctuelle entre Le Havre, Cork et Swansea en octobre.

service to Britain. During the winter the service was reduced to one sailing a day from each port. Just before the end of the *Armorique's* summer season in 1982, she once again became a victim of the treacherous approaches to St. Malo, grounding during thick fog on 18th September. She had to be withdrawn from service and the now sale-listed *Penn-ar-Bed* was put back into service to cover the rest of her season. On the return of the *Armorique* to service, the *Prince of Brittany* was to cover new ground, when she operated a one-off cruise by the company between Le Havre, Cork and Swansea during October.

10 ANS D'AGE

Brittany Ferries, fondée pour transporter des produits agricoles de Bretagne en Angleterre, fêta ses dix ans à la fin de l'année, avec une flotte de six navires et quatre lignes régulières. Les dix années suivantes devaient voir une croissance encore plus spectaculaire.

La Brittany Centre de Portsmouth ouvrit ses portes à la nouvelle année, et au printemps la compagnie commanda une nouvelle rampe, capable d'accueillir des ferries de 15000 tonnes. Avant la saison d'été, on dépensa plus d'un million de livres pour améliorer les emménagements du *Quiberon*, du *Prince of Brittany* et de l'*Armorique*. Les horaires d'été pour 1983 étaient les mêmes que

10 YEARS OLD

Brittany Ferries, which was formed to transport farm produce from Brittany to England, celebrated its tenth birthday at the turn of 1983 and boasted a fleet of six ships and four ferry services. The next ten years of the growth of the company were to be even more dramatic.

The Brittany Centre at Portsmouth was opened during the New Year 1983, and in the spring the company also commissioned a new link-span at the port, suitable for ferries up to 15,000 gross tons. Meanwhile, before the next summer season, more than £1 million was spent upgrading the passenger facilities on the *Quiberon*, *Prince of Brittany* and the *Armorique*. The summer schedules for 1983 were

l'année précédente, mais au plus fort de la saison le *Breizh-Izel* fut à nouveau remis sur la ligne de Santander, pour appuyer le *Quiberon*. Pendant les mois d'hiver, Brittany Ferries fit une bonne opération en affrêtant le *Gelting Nord* (4238 tonnes), sous pavillon danois comme navire de remplacement sur la ligne Roscoff-Plymouth, à la place du *Cornouailles*. Le nouveau navire, rebaptisé *Bénodet*, d'après une station balnéaire de Bretagne Sud, pris son service le 30 avril. Ce navire constituait une amélioration sensible par rapport au *Cornouailles* avec plus de place pour les voitures et pour les installations et cabines passagers supérieures.

Après de nombreux mois d'immobilisation à St-Malo, le *Penn-Ar-Bed* fut remis en service temporairement en janvier 1984 sur la ligne Roscoff-Plymouth, le *Cournouailles* étant affrété pour deux ans à la SNCF sur la ligne Dieppe-Newhaven, sa place dans la flotte ayant été prise par le *Gelting Nord*.

Au début de l'année nouvelle, le Gouvernement de Jersey invita au deuxième opérateur à se mettre en concurrence avec la Sealink sur les liaisons avec les Iles Anglo-Normandes. Au printemps, un consortium composé de la Huelin-Renouf de Jersey, de la Brittany Ferries et du transporteur MMD envisagèrent la mise en place d'une ligne concurrente de Sealink entre les Iles Anglo-Normandes et la Grande-Bretagne, avec le *Penn-Ar-Bed*. Malheureusement, le *Penn-Ar-Bed* se révéla inadapté à cette ligne, le Ministère du Commerce Britannique exigeant une réduction de sa capacité en fret sous

David Hocquard

Le *Benodet* arrive à Plymouth en août 1984.

The *Benodet* arriving at Plymouth in August 1984.

Geoffrey Breeze Collection

L'*Apollo* (*Olau Kent, Gelting Nord*) fut affrété par la Brittany Ferries en 1984 pour assurer le service Roscoff-Plymouth.

The *Apollo* (later the *Olau Kent* and *Gelting Nord*) was chartered by Brittany Ferries in 1984 for their Roscoff-Plymouth service.

similar to those of the previous year, but during the height of the summer the freight ship *Breizh-Izel* was introduced on the Santander route to support the *Quiberon*. Brittany Ferries were successful in chartering the Danish registered *Gelting Nord* (4,238 gross tons) as a replacement ship for the Roscoff-Plymouth service for the 1983 season in place of the *Cornouailles*. The new ship, renamed *Benodet* after a resort in Southern Brittany, entered service on 30th April. She was a major improvement over the *Cornouailles*, with more space for cars and superior cabin and passenger accommodation.

After many months of idleness at St. Malo, the *Penn-ar-Bed* was brought back into service as a temporary measure during January 1983 on the Roscoff-Plymouth route, following the *Cornouailles* being chartered for two years to SNCF on their Dieppe-Newhaven service, having been displaced in the fleet following the charter of the *Gelting Nord*.

Early in the New Year, the Jersey Government invited another operator to compete with Sealink on the Channel Islands services from mainland Britain. By spring a consortium of Jersey-based Huelin-Renouf, Brittany Ferries and the haulage company MMD was considering plans to start a rival service to that of Sealink between the Channel Islands and Britain, with the sale-listed *Penn-*

Brittany Ferries Library

Le *Njegos* fut affrété par la Brittany Ferries en 1984 pour remplacer le Benodet sur la ligne Roscoff-Plymouth.

The *Njegos* was chartered by Brittany Ferries in 1984 to cover the Roscoff-Plymouth service, in place of the *Benodet*.

pavillon britannique. On décida de chercher ailleurs un navire adapté et le *Penn-Ar-Bed* fut vendu à des intérêts suédois pour assurer une nouvelle ligne sur le Oslofjord. Le *Penn-Ar-Bed* fut rebaptisé *Sven No Marina* par ses nouveaux armateurs; il fut ensuite revendu à la Marlines, en Grèce et rebaptisé *Princess M*, pour servir en Méditerranée.

Vers la fin de l'année, Huelin-Renouf annoncèrent qu'avec l'appui de Brittany Ferries (participation de 27%) et du principal

Brittany Ferries

Une scène matinale typique à St-Malo – le déchargement du *Prince of Brittany* après sa traversée de nuit depuis Portsmouth.

A typical morning scene at St. Malo as the *Prince of Brittany* unloads her overnight traffic from Portsmouth.

ar-Bed. Sadly, the vessel was to prove unsuitable for the service, as the British Department of Trade wanted a reduction in her freight capacity under the British flag. It was decided to look elsewhere for a suitable ship, and the *Penn-ar-Bed* was sold to Swedish interests for a new service across the Oslofjord. She was renamed *Sven No Marina* by her new owners, was later sold again to Marlines in Greece and renamed *Princess M* for service in the Mediterranean.

By the end of the year, Huelin-Renouf announced that, with the backing of Brittany Ferries (27% interest) and Mainland Market Deliveries (MMD – the principal haulage company to the Channel Islands), a new ferry service would start from March 1985, in competition with Sealink British Ferries, who had held the monopoly of the Channel Islands services for most of the century.

FotoFlite

Le *Cornouailles* fait route de Newhaven à Dieppe pendant son affrètement à la SNCF.

The *Cornouailles* pictured on passage between Newhaven and Dieppe, whilst on charter to SNCF.

transporteur des îles Anglo-Normandes, Mainland Market Deliveries, une nouvelle ligne de ferries serait inaugurée en mars 1985, pour concurrencer l'ancien monopole de Sealink British Ferries sur les Anglo-Normandes. Le *Benodet* (affrété par Brittany Ferries pour la ligne de Roscoff en 1983) inaugura la nouvelle ligne, avec un équipage britannique, le soir du mardi 28 mars 1985. L'ancien navire de la Brittany Ferries fut rebaptisé *Corbière*.

Le *Quiberon* fut racheté par Brittany Ferries à la fin de l'année, après deux saisons très profitables sur les lignes de Santander et Cork. Avec le *Benodet* parti sur les Iles Anglo-Normandes, Brittany Ferries affréta coque nue pour trois ans le ferry yougoslave *Njegos* (3999 tonnes). Ce navire entra en service sur la ligne Roscoff-Plymouth le 1er mai 1985 sous le nom de *Trégastel*. Avant l'arrivée du *Trégastel*, le fidèle *Armorique* avait assuré la ligne suite au transfert du *Bénodet*.

The *Benodet* (chartered to Brittany Ferries for their Roscoff route in 1983) would open the new service from Thursday 28th March 1985. The former Brittany Ferries ship was renamed *Corbière* and was to be manned by a British crew.

Meanwhile, the *Quiberon* was purchased by Brittany Ferries at the end of 1984 following two very successful seasons on the Santander/Cork services. With the *Benodet* now required on the new Channel Islands link, Brittany Ferries took out a three year bareboat charter of the Yugoslav ferry *Njegos* (3,999 gross tons). The chartered vessel entered service on the Roscoff-Plymouth service on 1st May 1985, as the *Trégastel*. Prior to her arrival, the faithful *Armorique* had covered the link following the transfer of the *Benodet*.

Le *Trégastel* (ex *Njegos*) – photo impressionante à l'appareillage de Plymouth à destination de Roscoff.

The *Trégastel* (ex *Njegos*) makes an impressive view as she leaves Plymouth Sound for Roscoff.

Brittany Ferries

PLUS DE CROISSANCE, PLUS DE LIGNES

Au cours de l'été, en l'espace d'un mois, Brittany Ferries annonca qu'elle avait fait l'acquisition de l'élégant ferry hollandais *Prinses Beatrix* de la SMZ, le maillon hollandais de Sealink, pour assurer un service entre Portsmouth et un port de Basse Normandie. Cette annonce fut suivie par une autre – celle de l'achat de la compagnie réussie Truckline, opérateur de fret uniquement entre Poole et Cherbourg. L'achat fut une relance importante pour la compagnie.

Depuis un moment la compagnie étudiait la possibilité de créér une nouvelle ligne entre Portsmouth et la Normandie, suite à la décision de son concurrent de Portsmouth, Townsend Thoresen, de ne pas inaugurer un service sur Ouistréham (au nord de Caen). Suite à cette décision, les autorités portuaires ont proposé le

MORE GROWTH, MORE ROUTES

During the summer of 1985, in the space of less than a month, Brittany Ferries announced that they had purchased the elegant Dutch ferry, the *Prinses Beatrix* from SMZ, the Dutch partner in Sealink operations, for a new service between Portsmouth and Lower Normandy. This announcement was followed by the news that they had also acquired the successful freight shipping company Truckline, the freight-only operators between Poole and Cherbourg. The purchase of Truckline and their two ships was a major boost to the company.

The company had been investigating for some time a new link from Portsmouth to Normandy, following the decision by their rivals at Portsmouth Townsend Thoresen not to open a new ferry service to the port of Ouistréham (north of Caen). Brittany Ferries

Ferry Publications Library

Le *Prinses Beatrix* fut acheté par la Brittany Ferries en 1985 pour inaugurer son nouveau service entre Caen et Portsmouth.

The *Prinses Beatrix* was purchased by Brittany Ferries in 1985 to open their new service between Caen and Portsmouth.

nouveau port français à la Brittany Ferries. La compagnie vit aussitôt le potentiel du nouveau terminal pour concurrencer les opérations de la Townsend Thoresen sur Cherbourg et Le Havre. La nouvelle liaison avec la Normandie opérerait à partir des nouveaux quai et terminal installés à l'extérieur de l'embouchure du canal qui dessert la ville de Caen. Brittany Ferries a acheté le *Prinses Beatrix* (9367 tonnes) de la SMZ pour leur nouvelle ligne. Le nouveau navire ne serait pas seulement le plus grand de la flotte, mais également le plus grand ferry au départ de Portsmouth. Selon les dispositions de l'acte de vente, le navire hollandais fut acheté en septembre, puis immédiatement reloué à SMZ pour leur permettre de poursuivre leur liaison Hook of Holland-Harwich, avant la mise en service de leur nouvelle unité, le *Koningin Beatrix*. L'ancien ferry hollandais fut re-immatriculé à Caen et battit pavillon français pendant son affrètement à SMZ. Dans le courant de mars 1986, l'*Armorique* fut loué à la SMZ pour seconder le *Prinses Beatrix,* ce qui laissait la part hollandaise de l'exploitation de la ligne Hook of Holland-Harwich aux mains de deux navires Brittany Ferries!

Suite à son affrètement à SMZ, *Prinses Beatrix* subit une refonte importante en Hollande. Brittany Ferries envisagea de rebaptiser

Ferry Publications Library

Le *Duc de Normandie* arrive à Portsmouth après son voyage inaugural depuis Caen.

The *Duc de Normandie* arriving at Portsmouth on her inaugural voyage from Caen.

were offered the new French port instead.The company could see the new terminal offered great potential and would enable them to rival the operations of Townsend Thoresen at Cherbourg and Le Havre. The new link from Normandy would operate from a new berth and terminal on the seaward side of the entrance to the canal serving Caen. The *Prinses Beatrix* (9,367 gross tons) was purchased for their new route from SMZ in Holland. The vessel would not only be the biggest ship of the fleet, but also the largest ferry ever to operate out of Portsmouth. As part of the purchase agreement, the *Prinses Beatrix* was immediately chartered back to SMZ, so they could continue to operate their Hook of Holland-Harwich service, prior to taking delivery the next May of their new ship, the *Koningin Beatrix*. The former Dutch ferry was re-registered in Caen and flew the French flag following her sale to Brittany Ferries. During March 1986, the *Armorique* was also chartered to SMZ to offer extra capacity on the link, leaving the Dutch side of the operations on the Hook of Holland-Harwich service in the hands of two Brittany Ferries ships!

The *Prinses Beatrix* underwent a major refit in the Netherlands, following the completion of her charter to SMZ. A number of names with a Normandy feel to them were considered for the ship, including 'William the Conqueror'. In the event she was named *Duc de Normandie*. The French design company A.I.A. were appointed

DUC DE NORMANDIE

Miles Cowsill

Le bar "L'Alambic".

L'Alambic Bar.

Le restaurant self-service "L'Escalade".

'L'Escatade' – Self Service Restaurant.

Miles Cowsill

Le restaurant "Honfleur".

The 'Honfleur' Restaurant.

Miles Cowsill

leur nouvelle unité *"William the Conqueror"*, mais finalement on l'appela *Duc de Normandie*. La société française AIA fut chargée par Brittany Ferries de redessiner les zones passagers de l'intérieur du Duc de Normandie. Le but recherché par la compagnie était d'offrir aux passagers un avant-goût de France dès leur embarquement. Le salon principal reçut le nom de Claude Monet, qui a vécu dans le village normand de Giverny. Le bar principal était décoré d'un alambic à calvados, tandis que le bar à vins présentait un pressoir à cidre. Le nouveau navire disposerait également de sa propre boulangerie, pour la confection de patisseries et de pain français. Le nouveau navire amiral de la compagnie s'ennorgueillit également de sa cafétéria et de ses deux restaurants.

Avant l'ouverture de la ligne de Caen, l'*Armorique* effectua deux traversées spéciales entre Portsmouth et Caen, pour lancer la ligne. L'*Armorique* remonta le canal de 14 km pour à chaque fois passer une journée entière dans la capitale du Calvados.

Le *Cornouailles* ayant achevé son contrat d'affrêtement avec la SNCF, Brittany Ferries révéla que le navire inaugurerait une nouvelle liaison passagers entre Cherbourg et Poole pour l'été 1986,

Russel Plummer

L'*Armorique* dans le bassin intérieur du port de Caen pendant une escale de représentation publicitaire, avant l'inauguration de la ligne Normandie/Royaume-Uni en juin 1986.

The *Armorique* pictured at the inner docks at Caen on one of her flag-waving trips to the city, prior to the opening of the new Normandy/UK service in June 1986.

by Brittany Ferries to redesign the interior passenger areas of the ship. The aim was to give passengers a taste of France as soon as they boarded ship. The main passenger lounge was named after the French artist Claude Monet, who lived in the Normandy village of Giverny. The main bar was to boast a Calvados still, whilst the adjoining wine bar featured a Norman cider press. The new ship would also have its own bakery, so fresh French patisseries could be offered. A coffee shop and two restaurants were also to be the pride of the new flagship of the company.

Prior to the new Caen service opening on 6th June 1986, the *Armorique* made two special round trips between Portsmouth and the city of Caen to launch the new route. The *Armorique* travelled along the 14km canal to spend on each occasion a full day in the Calvados capital.

Following the *Cornouailles* completing her charter to SNCF, Brittany Ferries disclosed that she would open a new ferry link for passengers between Cherbourg and Poole in the summer of 1986, marketed under the *'Les Routiers'* banner. The new service would offer two return crossings a day during the summer period, June to September. The link would also offer a value for money approach, inspired by the *'Les Routiers'* group of restaurants in Europe.

Miles Cowsill

Le *Cornouailles* dans les couleurs de la Truckline en mars 1988 lors de ses opérations fret sur la ligne Portsmouth-Caen.

The *Cornouailles* pictured in Truckline livery, whilst undertaking freight sailings in March 1988 on the Caen-Portsmouth service.

Ferry Publications Library

Vue impressionante de la rade de Plymouth. Le *Trégastel* met le cap sur la France tandis que le *Breizh-Izel* arrive de Roscoff.

An impressive view of Plymouth Sound, with the *Trégastel* leaving for France and the *Breizh-Izel* arriving from Roscoff.

commercialisée avec l'appellation "Les Routiers". Ce nouveau service offrirait deux aller-retour quotidiens de juin à septembre. Il offrirait également un rapport qualité prix inspiré par le groupement de restaurateurs européens "Les Routiers", avec des tarifs pour la traversée d'une durée de quatre heures sensiblement inférieurs à ceux de Sealink entre Weymouth et Cherbourg, et ceux de la ligne traditionnelle de Townsend Thoresen entre Portsmouth et Cherbourg.

Substantially lower fares than those of Sealink services between Weymouth and Cherbourg, and Townsend Thoresen's established link between Portsmouth and Cherbourg would be offered on the four hour crossing.

Before being transferred to the new Truckline service, the *Cornouailles* opened a freight-only service between Brittany Ferries' new port at Ouistréham and Portsmouth, prior to the opening of the passenger operations.

Avant le transfert du *Cornouailles* sur la nouvelle ligne de la Truckline, il inaugura une ligne de fret entre le nouveau port de Ouistreham et Portsmouth, en attendant l'inauguration du service passagers.

Le *Duc de Normandie* prit son service le 5 juin, pour le départ de 23:30 vers la Normandie, apportant un style et une saveur nouvelle au voyage. L'arrivée de ce navire devait définir de nouvelles normes et constituer une concurrence sévère pour les autres opérateurs, par la très haute qualité des prestations offertes sur cette lignes nouvellement instaurée. Pendant la courte période où le *Cornouailles* assura le transport de marchandises entre Caen et

The *Duc de Normandie* entered service on 5th June 1986 on the 23.30 sailing to Normandy. Her extremely well appointed accommodation brought a new sense of style and taste in ferry travel, which was to set new standards on the Channel, which in turn was to offer a real challenge to the other rival ferry operators. In the short period of the *Cornouailles* entering service on a freight only basis between Caen and Portsmouth she had conveyed more than 1800 units. With these early encouraging signs and bookings for passenger services way ahead of expectations, Brittany Ferries started to consider plans for jumboizing the 'Duc' to meet the expected demand for 1987. One of the plans considered for this,

FotoFlite

Le *Prince of Brittany* fait brillante figure au large de Jersey où elle assure sa traversée de 9 heures entre St-Malo et Portsmouth.

The *Prince of Brittany* makes an impressive sight off Jersey on her 9-hour passage between St. Malo and Portsmouth.

Portsmouth il transporta plus de 1800 camions ou remorques. Compte tenu des signes très encourageant et des réservations passagers nettement supérieures aux prévisions, Brittany Ferries envisagea de jumboiser le nouveau navire pour faire face à la demande en 1987. Le projet de jumboisation prévoyait de couper le navire en deux horizontalement, pour lui adjoindre un pont garage supplémentaire. En fin de compte le projet fut abandonné.

Au plus fort de la saison estivale, les bateaux de la Truckline, le *Purbeck* et le *Coutances* durent seconder le *Duc de Normandie* sur la ligne de Caen, pour le transport du fret les week-ends. Au début de l'hiver, le dimanche, le *Prince of Brittany* fut reprogrammé sur sa ligne de St-Malo pour lui permettre d'effectuer un aller-retour de fret et passagers vers Caen. Du jour au lendemain les opérations au départ de Caen furent un succés.

Non seulement la ligne de Caen fut un succès, mais le nouveau service "Les Routiers" plut beaucoup au public dès la première saison. Pour la première fois, le nombre de passagers transportés par la Brittany Ferries dépassa le million en fin d'année.

CONSTRUCTION NOUVELLE

Après la décision de la direction de ne pas jumboiser le *Duc de Normandie* et de ne pas faire de travaux analogues sur le *Quiberon,* Brittany Ferries lanca un appel d'offres pour un

would involve cutting the ship horizontally in two, giving her a new upper car deck, but in the event none of the plans went ahead.

At the height of the summer season, the Truckline freight ships *Purbeck* and *Coutances* were having to assist the *Duc de Normandie* on the Caen service, carrying freight at weekends. By early winter, on Sundays, the *Prince of Brittany* was re-scheduled on her St. Malo service to cover one round sailing on the Caen route to move freight and passenger traffic. The Caen operation had proved to be a great success overnight, far ahead of expectations.

Not only was the new Caen service successful, but the new *'Les Routiers'* route was also very popular with the public in its first season. Brittany Ferries' carryings by the end of the year had topped one million passengers for the first time ever.

NEW BUILDING

Following the decision not to jumboize the *Duc de Normandie*, or to carry out similar work on the *Quiberon*, Brittany Ferries invited tenders to build a new purpose-built ferry for their Santander route, to meet the growing summer demand on this ferry link, which was now ten years old. Brittany Ferries had hoped that they might be able to find a suitable second-hand ship. However, in the event they were unsuccessful. Following many months of speculation as to which yard would be awarded the work, Brittany

Portrait du *Bretagne.*

An artist's impression of the *Bretagne.*

Le *Reine Mathilde* appareille de Portsmouth pendant sa dernière saison avec la compagnie en 1991.

The *Reine Mathilde* leaving Portsmouth during her last season with the company in 1991.

Maritime Photographic

Gotland arrive à Portsmouth en juillet 1988.

The *Gotland* arriving at Portsmouth in July 1988.

Miles Cowsill

Steffen Weirauch

Le *Quiberon* quitte Plymouth sous le soleil matinal à destination de Santander.

The *Quiberon* captured in the morning sun leaving Plymouth for Spain.

nouveau ferry de 2000 passagers/500 voitures pour la ligne de Santander, pour faire face à la demande croissante de la ligne, qui avait maintenant dix ans. Brittany Ferries espérait trouver un navire d'occasion adapté, mais n'y parvint pas. Après plusieurs mois de réflexion, Brittany Ferries signa les marchés de leur nouvelle unité pour Santander, avec les Chantiers de l'Atlantique, à St-Nazaire, pour livraison au printemps 1989. La commande du nouveau ferry fut passée par la Sabemen, société d'investissements d'armement bretonne, apparentée à Brittany Ferries. A l'achèvement du navire, celui-ci serait affrêté par la Britanny Ferries avec un contrat de 20 ans. Le nouveau navire de 22500 tonnes serait baptisé *Bretagne*, et offrirait des prestations de paquebot de croisière de luxe pour 2000 passagers, et assez d'espace pour 600 voitures. Les plans du nouveau navire prévoyaient 500 sièges inclinables aménagés dans un salon club spécial, un restaurant à la carte de 250 places, une

Ferries finally signed contracts with the French yard of Chantiers de L'Atlantique at St. Nazaire, for delivery during the spring of 1989. The new superferry was ordered by Sabemen, a Breton shipowning investment company linked to Brittany Ferries. On her completion she would then be chartered to Brittany Ferries for 20 years. The new 22,500 gross ton vessel would be named *Bretagne* and would offer cruise-liner standards for 2000 passengers with berths for just over half the passengers in two and four berth cabins and space for 600 cars. The ship would also boast 500 reclining seats in a special Club Lounge, a 250 seater à la carte restaurant, a 430 seat coffee shop, plus a 150 seat Croissanterie, two bars, a 150 seat wine bar, conference room, a duty-free supermarket and an arcade of boutiques. The *Bretagne* would be powered by four 12-cylinder Wartsila diesels, giving a projected service speed of 20.5 knots, which would be sufficient on the Spanish route in most

cafétéria de 430 places, en plus d'une croissanterie de 150 places, de deux bars et d'un bar à vins de 150 places. Il y aura aussi une salle de conférence, un supermarché hors-taxes, et une galerie de boutiques. La propulsion principale du *Bretagne* sera assurée par quatre moteurs diésel Wartsila de 12 cylindres, assurant une vitesse de croisière de 20,5 noeuds, suffissament rapide sur la ligne vers l'Espagne par la plupart des temps. AIA de Nantes, avec les décorateurs Rondeau et Bidault, furent chargés de concevoir les zones passagers du nouveau batiment.

Par suite des pertes importantes pendant deux saisons consécutives, dûes à la réussie irrésistible de son concurrent, Channel Island Ferries, la Sealink fut contraint à envisager un accord de coopération concernant les opérations à destination des Iles. Mais la fusion prévue n'a jamais eu lieu et l'ancienne compagnie nationalisée fut contrainte de se retirer des Iles Anglo-Normandes après avoir eu le monopole sur la ligne depuis un siècle. Une nouvelle compagnie fut créée, sous la bannière de British Channel Island Ferries pour assurer les services passagers entre la Grande-Bretagne et les Iles. Pendant l'hiver, le *Breizh-Izel* fut affrété à la British Channel Island Ferries pour fournir la capacité supplémentaire nécessitée par le retrait de la Sealink de ses quatre navires fret et passagers.

Miles Cowsill

Le *Breizh-Izel* appareille de Portsmouth dans les couleurs de la BCIF en route vers Guernesey.

The *Breizh-Izel* pictured in BCIF livery leaving Portsmouth for Guernsey.

weather conditions. A.I.A. de Nantes, together with the team of Rondeau and Bidault, were appointed to design the internal passenger areas.

Due to the overwhelming success of Channel Island Ferries, Sealink were forced into discussing a joint operation to the islands with their rivals in the light of high losses incurred by them during the two years. But the planned merger did not take place, and the former nationalised ferry company withdrew from the Channel Islands services after holding the monopoly for a century. A new operating company known as British Channel Island Ferries was formed to operate the new passenger only services between Britain and the islands. During the winter, the freight vessel *Breizh-Izel* was chartered to BCIF, to provide the extra capacity now required on the link, following Sealink withdrawing their four passenger/freight vessels.

Operations for 1987 were to remain very much the same as in the previous years, with the *Quiberon* and *Trégastel* covering the western sector of operations, the *Prince of Brittany* and the *Armorique* covering the St. Malo service and the *Duc de Normandie* with the freight vessel *Purbeck* on the Caen route.With growing

Anders Ahlerup

L'élégant navire *Gotland*, sous drapeau suédois, fut affrété par la Brittany Ferries en 1988 afin d'augmenter le nombre de traversées entre Caen et Portsmouth.

The elegant looking Swedish registered vessel *Gotland* was chartered by Brittany Ferries in 1988, to offer additional passenger sailings on the Caen-Portsmouth service.

Miles Cowsill

L'*Armorique* appareille de Portsmouth à l'occasion du voyage inaugural du Normandie en juin 1992.

The *Armorique* leaving Portsmouth on the occasion of the first arrival of the *Normandie* at Portsmouth in June 1992.

Trégastel en route vers Plymouth sous le soleil d'après-midi.

The *Trégastel* captured in the afternoon sun on passage to Plymouth.

Brittany Ferries

Miles Cowsill

En 1991, le *Trégastel* arrive à Poole dans les couleurs de la Truckline.

The *Trégastel* pictured arriving at Poole in Truckline livery in 1991.

L'élégant *Corbière* quitte Cherbourg et met le cap sur Poole pendant sa dernière saison avec la Brittany Ferries.

The attractive looking *Corbière* leaving Cherbourg for Poole during her last season with Brittany Ferries.

Brittany Ferries

Miles Cowsill

Le *Gotland,* dans les couleurs de la Brittany Ferries, en route vers Caen en mai 1988.

The *Gotland* pictured in Brittany Ferries livery on passage to Caen in May 1988.

L'activité de 1987 resta très semblable à celle des années précédentes, avec le *Quiberon* et le *Trégastel* sur l'ouest, et le *Prince of Brittany* et l'*Armorique* sur la ligne de St-Malo, et le *Duc de Normandie* et le navire fret *Purbeck* sur la ligne de Caen. Vû la croissance du secteur passagers entre l'Irlande et la France Brittany Ferries a signé un accord avec la Swansea Cork Ferries afin d'affréter leur navire *Celtic Pride,* une fois par semaine en haute saison, pour compléter la capacité du service assuré le weekend par le *Quiberon.* Ces dispositions furent prises de nouveau en 1989 avant l'arrivée du *Bretagne.*

Juste avant la fin de l'année, Brittany Ferries annonca son intention de mettre un deuxième navire en service sur Caen la saison suivante, du 19 mai au 11 septembre 1988 en plus du *Duc de Normandie.* La compagnie passa un contrat d'affrêtement coque nue d'un an pour le navire de construction yougoslave *Gotland,* qui offrait un excellent confort pour 1200 passagers. Le navire affrêté était mené par un équipage en provenance de Grande-Bretagne et d'Irlande, sous contrôle de la Denholm Ship Management d'Écosse, mais avec un personnel hôtelier français. Il était prévu que le *Gotland* prenne son service en mai, mais en raison du conflit social chez P&O European Ferries, qui désorganisa les services P&O et Sealink sur la Manche, le *Gotland,* sous pavillon suédois, fut mis en

Irish and French passenger trade, Brittany Ferries came to an agreement with Swansea Cork Ferries to charter their vessel *Celtic Pride* once a week during the peak season, to offer extra capacity in addition to the *Quiberon's* weekend sailing. This arrangement was repeated again in 1989, prior to the arrival of the *Bretagne* the next season.

Just before the end of 1987, Brittany Ferries announced that they planned to introduce a second ship on their Caen service during the next season, from 19th May to 11th September 1988, with the *Duc de Normandie.* The company took a one year bareboat charter of the Yugoslav built ship *Gotland,* which would offer accommodation for 1,200 passengers. She was manned by crews from Britain and Ireland under the control of Denholm Ship Management in Scotland, whilst Brittany Ferries continued to control all the catering on the ship. The *Gotland* was not due to enter service until May 1988, but due to industrial action throughout the fleets of P&O European Ferries and Sealink, which was to bring chaos to the English Channel services during the early spring, the Swedish flagged vessel was brought into service early, although initially she was only to convey school parties and freight between Caen and Portsmouth. The situation at Portsmouth became so serious that Brittany Ferries were forced to reorganise their schedules and operations to meet the increased demand brought on by the strike. The *Armorique* was brought into service early to cover the St.Malo route, while the *Prince of Brittany* was transferred to the Caen service to operate additional passenger sailings with the *Duc de Normandie* and *Gotland.* A record for ships operating the link was set in late spring, when the *Breizh-Izel* was also brought into service, making a total of four ships on the 6 hour route at one time. Once the industrial action which had plagued the British ferry operators had been resolved, the Caen link returned to a two ship passenger operation.

During the summer of 1988, the freight ship *Gabrielle Wehr* was chartered to support the passenger vessels on the Caen service. At the end of the summer season the *Gotland* was sent to Le Havre to lay-up for the remainder of the year, but she was quickly brought back into service, when she was sub-chartered to SNCF in late September to cover their Dieppe service. Prior to completing her charter to Brittany Ferries at the end of 1988, she was again sub-

service plus tôt, pour transporter au départ des groupes scolaires et du fret entre Caen et Portsmouth. Le conflit social qui affectait P&O et Sealink sur Portsmouth était si grave que Brittany Ferries décida de revoir ses horaires pour le printemps. L'*Armorique* fut mis en service plus tôt sur St-Malo, tandis que le *Prince of Brittany* était transféré sur la ligne de Caen avec le *Duc de Normandie* et le *Gotland*. Le record fut atteint sur la ligne de Caen au mois de mai, quand le *Breizh-Izel* vint renforcer les trois navires déja en place. Une fois le conflit réglé, les opérations sur la ligne furent ramenés à l'état normal.

Pendant l'été 1988, le cargo *Gabrielle Wehr* fut affrêté pour seconder le *Duc de Normandie* et le *Gotland* sur la ligne de Caen. A la fin de la saison estivale, le *Gotland* fut désarmé au Havre jusqu'àla fin de l'année. Le navire suédois reprit rapidement du service, quand il fut sous-loué à la SNCF fin septembre pour assurer la liaison Dieppe-Newhaven. Avant de quitter les eaux européennes fin 1988, le *Gotland* fut à nouveau sous-loué par Brittany Ferries à ICL et Belfast Car Ferries.

En juin, Brittany Ferries annonca l'achat du ferry de B&I *Connacht,* pour livraison en septembre. Le *Connacht,* fut construit en 1978 pour la nouvelle ligne de B&I Cork-Pembroke. Il fut révélé que le *Connacht* subirait une refonte extensive de 2 millions de livres avant de devenir le navire titulaire de la ligne de St-Malo, en 1989, avec l'*Armorique,* à la place du *Prince of Brittany*. La compagnie pris livraison du *Connacht* le 3 octobre, et l'ancien navire irlandais fut envoyé à Papenburg, RFA, pour refonte avant sa rentrée en service avec la compagnie.

A l'automne, le *Trégastel* fut transféré de Roscoff vers Caen-Portsmouth pour seconder le *Duc de Normandie* pendant l'hiver. L'horaire hivernal ne prévoyait initialement qu'un aller-retour par jour, mais le "boom" de la ligne, faisant progresser le fret de 30% de plus que la même période en 1987, provoqua le renforcement des horaires. Le *Cornouailles* fut transféré sur le service hivernal de fret Roscoff-Plymouth pendant l'absence du *Trégastel*. Le *Prince of Brittany* assura la ligne de St-Malo jusqu'au 30 décembre 1988, avant de subir une refonte importante pour son nouveau role sur la ligne de Caen.

A la fin de l'été, Brittany Ferries annonca l'installation prochaine d'un nouveau système informatisé de réservations à Portsmouth,

chartered to ICL and Belfast Car Ferries on the Irish Sea.

In June Brittany Ferries announced that they had purchased the B&I ferry *Connacht* for delivery in autumn. The newly acquired ship had been built originally for the B&I in 1978 for their now defunct Cork-Pembroke Dock route. It was disclosed by Brittany Ferries that she would undergo a £2 million refit prior to her becoming the principal ship on the St. Malo route for 1989 in place of the *Prince of Brittany*, along with the *Armorique*. The company took delivery of the *Connacht* on 3rd October, after which she was sent to Papenburg in West Germany for refit, before entering service with the company.

The *Trégastel* was transferred in the autumn from Roscoff to the Caen-Portsmouth service to support the *Duc de Normandie* for the winter. The original winter schedule had allowed for a single round trip between Caen and Portsmouth, but with the route's booming freight traffic put at 30% above the same period of 1987, the company decided to increase the schedules. The *Cornouailles* was

Ferry Publications Library

Le *Connacht* fut acheté par la Brittany Ferries de la B & I en 1988 pour assurer le service de St-Malo, dans le cadre d'un programme de renouvellement et d'expansion de sa flotte, d'un montant de £70 million.

The *Connacht* was purchased by Brittany Ferries in 1988 from B&I for their St. Malo service, as part of the company's £70 million fleet renewal and expansion programme for 1989.

FotoFlite

Le *Quiberon* prend une allure superbe à son départ de Plymouth à destination de Roscoff en juin 1992.

The *Quiberon* makes a fine sight as she leaves Plymouth for Roscoff in June 1992.

Miles Cowsill

Miles Cowsill

L'élégant *Bretagne* rentra en service le 18 juillet 1989 sur la ligne Plymouth-Santander.

The elegant *Bretagne* entered service on the Plymouth-Santander route on 18th July 1989.

Un après-midi à Cork en juin 1990. Le *Bretagne* quitte le port irlandais à destination de Roscoff.

An afternoon scene at Cork in June 1990, with the *Bretagne* leaving the Irish port for Roscoff.

FotoFlite

Le *Reine Mathilde* et le *Duc de Normandie* se croisent au milieu de la Manche sur leur traversées quotidiennes entre Portsmouth et Caen en juin 1989.

The *Reine Mathilde* and the *Duc de Normandie* pass each other in mid-Channel on their daily run between Caen and Portsmouth in June 1989.

représentant un investissement de 3,5 millions de livres. Le système serait conçu pour améliorer les temps de réservation, et serait, une fois installé, le système de réservation le plus sophistiqué de Grande-Bretagne.

A la mi-décembre, l'ancien *Connacht* termina une refonte importante en Allemagne et réapparut sous le nom de *Duchesse Anne,* pour prendre son nouveau service mi-décembre. Il fut affrété aussitôt à la Crown Line (anciennement SMZ) pour assurer la ligne Hook of Holland-Harwich, pendant que le *Koningin Beatrix* était en révision.

transferred to the Roscoff-Plymouth route for the winter in place of the *Trégastel.* Meanwhile, the *Prince of Brittany* maintained the St. Malo route until 30th December 1988, prior to undergoing a major refit for her new role next season as the second passenger ship on the Caen service.

Further investment plans were disclosed by Brittany Ferries in the autumn, when the company announced that they would be installing a new £3.5 million computer reservations system at Portsmouth. The new system would improve booking times for customers and would be the most modern ferry reservation system in Britain.

In mid-December the former *Connacht* completed her refit in Germany and emerged as the *Duchesse Anne* for her new role. She was immediately chartered to Crown Line (formerly SMZ), to cover the Hook of Holland-Harwich service, whilst their vessel *Koningin Beatrix* went for her overhaul.

L'ERE DES SUPERFERRIES

Brittany Ferries lança une réorganisation de sa flotte pour la saison 1989 en attendant l'arrivée du *Bretagne* et la mise en service du *Duchesse Anne* sur St-Malo. Sur la ligne Caen-Portsmouth pour 1989, le *Duc de Normandie* serait rejoint par l'ancien *Prince of Brittany,* rebaptisé *Reine Mathilde,* d'après la Reine de Guillaume le Conquérant. Après une refonte complète des ses zones passagers, le *Reine Mathilde* fit sa première traversée sur la ligne le 17 mars. En plus des départs passagers supplémentaires, la capacité fret fut augmentée par la mise en service du *Normandie Shipper* nouvellement affrété de la Truckline.

Brittany Ferries décida que la ligne de St-Malo serait saisonnière à compter de 1989 (Mi-février à mi-novembre). Le *Duchesse Anne,* le plus grand navire l'ayant desservi jusqu'à ce jour, réouvrit la ligne le 13 février et, une fois de plus, le fidèle *Armorique* reprit également le service pour un saison estivale prolongée. Le *Quiberon* retourna sur la ligne Plymouth-Santander en février, après la réouverture de la ligne par l'*Armorique* le 15 janvier. Il fut prévu que le *Quiberon* continue à assurer les services Santander, Roscoff et Cork jusqu'à la livraison du *Bretagne.* Après la mise en service du nouveau navire amiral, le *Trégastel* ira sur la ligne passagers de la Truckline, et le *Quiberon* deviendra le navire principal de la première ligne de la compagnie, Roscoff-Plymouth.

Le *Bretagne,* au coût de 55 millions, fut lancé à St-Nazaire le 4 février 1989. Le lancement du nouveau navire amiral constituait le fer de lance d'un programme d'investissements de 70 millions de livres par la compagnie bretonne, pour répondre au défi du tunnel sous la Manche dans la prochaine décennie. Brittany Ferries ne fut pas en mesure de redistribuer la flotte en fonction du retard du *Bretagne,* et le *Corbière,* maintenant en surnombre à la BCIF (remplacé par le *Rozel* en février), ouvrit la ligne passagers Truckline le 26 mai à la place du *Trégastel.*

Le 14 juillet, après plusieurs journées frustrantes d'attente, le *Bretagne* rentra pour la première fois dans la rade de Plymouth à la fin de son voyage de livraison via Roscoff. Deux jours plus tard il rentra en service opérationnel. Suite à la mise en service du *Bretagne,* le *Quiberon* fut transféré comme prévu, permettant au *Trégastel* de partir à son tour, assurer le service passagers Truckline.

THE SUPERFERRY ERA

Brittany Ferries put in hand for 1989 a re-organisation of their fleet, with the pending arrival of the *Bretagne* and introduction of the *Duchesse Anne* on the St.Malo link. On the Caen-Portsmouth service the *Duc de Normandie* was joined by the former *Prince of Brittany*, which for her new role was renamed *Reine Mathilde*, after William the Conqueror's queen. Following her extensive refit, she made her passenger debut on the route on 17th March. In addition to the extra passenger sailings offered for 1989, further freight capacity was provided by the newly chartered Truckline vessel *Normandie Shipper*.

It was decided that from 1989 the St. Malo route would be a seasonal service (mid-February to mid-November) instead of an all the year round operation. The *Duchesse Anne,* the largest vessel to date to serve on the link, opened the new seasonal service on 13th February, and she was joined later in May by the faithful *Armorique* for an extended two-ship summer service. The *Quiberon* returned to the Plymouth-Santander route during February, following the *Armorique* re-opening the 23 hour link on 15th January. It was planned that the *Quiberon* would maintain the Santander, Roscoff and Cork services until the delivery of the *Bretagne*. Following the new flagship entering service, the *Trégastel* would then transfer to the Truckline passenger route between Cherbourg and Poole, and the *Quiberon* would become the main vessel of the premier route.

On 4th February 1989 the £55 million *Bretagne* was launched at St. Nazaire. The new flagship represented the spearhead part of a £70 million investment by the company to challenge the Channel Tunnel during the next decade. Brittany Ferries were unable to reshuffle their fleet as planned, as the *Bretagne* was delayed by her builders. The now redundant BCIF vessel *Corbière* (replaced by the *Rozel* during February on the Channel Islands services), opened the Truckline passenger service on 26th May instead of the *Trégastel*.

After further frustrating delays, the new flagship *Bretagne* slipped into Plymouth Sound on 14th July, on her delivery voyage via Roscoff. Two days later she entered commercial service. Following the *Bretagne* entering service, the *Quiberon* was transferred as planned,which in turn allowed the *Trégastel* to move to the Truckline passenger service.

BRETAGNE

Accueil.

Reception Area.

Une coursive élégante du Pont 7.

Attractive walkway on Deck 7.

Salon de Thé “La Gerbe de Locronan”.

‘La Gerbe de Locronan’ Tea Room.

Brittany Ferries

Après une année record en 1989, avec un total de 2.1 million de passagers sur son réseau de six lignes, Brittany Ferries décida de développer son service Truckline "Les Routiers" pour en faire une opération à deux navires pour la saison suivante, assurée par le *Corbière* et le *Trégastel*. Le service proposa jusqu'à quatre départs passagers par jour en pleine saison. En 1990 avec ses deux navires passagers et deux navires fret, la ligne vit jusqu'à 16 départs par jour. En ce qui concerne les autres liaisons de la compagnie, le programme de la prochaine saison resta pour la plupart inchangé.

Le 10 Avril 1990, le *Reine Mathilde* tena la manchette des journaux quand il fut désemparé par un petit incendie qui s'est déclaré dans le compartiment des machines. La compagnie dut retirer le navire du service pour des réparations et le *Trégastel* fut transféré sur la ligne de Caen pour assurer le service avec le *Duc de Normandie*. Le navire endommagé resta en réparation jusqu'au mois de juillet, et le nouveau service Truckline à deux navires n'a donc pas pu être inauguré avant la remise en service du *Reine Mathilde*. Le navire de fret *Skarvoy* fut affrété par la suite pour transporter du fret supplémentaire sur la ligne pendant la saison estivale.

Au printemps de l'année suivante, le *Quiberon* subit une refonte importante au prix d'un million de livres. Les travaux incluaient l'aménagement d'un nouveau restaurant, l'agrandissement du bar, la

Brittany Ferries

Le *Bretagne* entreprend des essais à la mer avant d'être peint dans les couleurs de la Brittany Ferries.

The *Bretagne* pictured on sea trials, prior to being painted in full Brittany Ferries livery.

Following a record year in 1989, with some 2.1 million passengers travelling on the six route network, Brittany Ferries decided to expand its Truckline *'Les Routiers'* service to a two-ship operation using the *Corbière* with the *Trégastel* for the next season. Up to four passenger sailings a day during the peak season would be offered, and with the two passenger ships and two freight vessels, the link was to see up to 16 sailings a day during 1990. Other services of the company were to remain very much the same for the next season.

On 10th April 1990, the *Reine Mathilde* hit the headlines when the vessel was crippled by a small fire in her engine room. The company were forced to withdraw her for repairs and the *Trégastel* had to be transferred to operate with the *Duc de Normandie* on the Caen route. The damaged vessel was to remain out of service until July, which meant that the planned two-ship service on the Truckline link did not operate until the *Reine Mathilde* returned to duty. The freight vessel *Skarvoy* was later chartered to move additional freight on the route during the summer.

The next spring saw the *Quiberon* being sent for a £1 million refit. A new restaurant, larger bar, a redesigned and expanded duty-free shopping area, a new reception area and refurbished coffee shop and lounges were included in the work, for the now fast expanding and premier route between Roscoff and Plymouth.

In May 1990 Brittany Ferries announced plans to build two new

BRETAGNE

Bureau d'Information.

Information Desk.

Restaurant "Les Abers".

'Les Abers' Restaurant.

Cabine de Luxe.

De Luxe Cabin.

Photos: Brittany Ferries

Brittany Ferries

Le *Barfleur* arrive à Cherbourg pour la première fois en mai 1992.

The *Barfleur* arriving at Cherbourg for the first time in May 1992.

Le *Barfleur* arrive à Poole après son premier voyage au départ de la France.

The *Barfleur* arriving at Poole on her maiden voyage from France.

Miles Cowsill

Brittany Ferries

Le *Bretagne* escorté par deux remorqueurs de la Royal Navy lors de sa première arrivée à Plymouth en juillet 1989.

The *Bretagne* escorted by Royal Naval tugs on her first arrival at Plymouth in July 1989.

transformation et extension des magasins hors taxes, la construction d'une nouvelle réception et la remise à neuf du salon de café et des salons passagers, pour préparer le navire pour exploiter la liaison Roscoff-Plymouth, qui devenait rapidement la ligne vedette de la compagnie.

En mai 1990 Brittany Ferries annonça son intention de faire construire deux nouveaux navires pour remplacer une partie du vieux tonnage de la Flotte et pour développer la liaison Portsmouth-Caen. Le marché du premier ferry, un "jumbo" destiné à opérer sur Caen, fut passé avec le chantier Masa Yard d'Helsinki. Un second navire destiné au service passagers Truckline fut également passé avec la Masa, cette fois pour être construit sur leur chantier de Turku. Le montant des deux commandes fut de £130 million, et la construction de chaque unité dura 2 ans et pour une réalisation conforme aux normes SOLAS 1990 et une conception qui refléta les dernières idées concernant la sécurité maritime internationale.

Grace à la mise en service du *Bretagne* et un investissement accru dans le domaine du confort passagers à bord de tous les navires de la Flotte, la compagnie remporta deux prix décernés par deux des principaux journaux du Royaume-Uni. Les lecteurs de l'*Observer* nommèrent la Brittany Ferries "Meilleure Opérateur de Ferries de l'année" et la compagnie gagna également le prix du meilleur service car-ferry, décerné par Ivor Herbert, du journal *The Mail on Sunday,* pour son service Portsmouth-Caen. Par ailleurs, en 1990 le service Truckline Cherbourg-Poole éprouva une augmentation vertigineuse de 98% de son trafic.

Barfleur, le premier des navires construits en Finlande, prit la mer pour la première fois le 26 juillet 1991. Ce superferry de 18,000 tonnes a une capacité de 1200 passagers et 270 voitures, ou 118 camions en configuration fret. La construction du *Normandie,* un navire encore plus grand, continua jusqu'à la date de livraison en mai 1992. Vers la fin de l'année, la compagnie annonça aussi que le *Duc de Normandie* serait remis en état, avec une amélioration considérable de ses installations passagères, d'un montant global de £3 million, avant la mise en service du *Normandie* l'année suivante. A Portsmouth, on annonça la modernisation des installations portuaires et la construction d'une passerelle double ainsi que l'agrandissement du poste d'accostage afin d'accueillir le nouveau

vessels to replace some of the older tonnage in the fleet and to expand the Caen-Portsmouth operations. The contract for the first ferry, a new jumbo ship for the Caen service, was awarded to the Masa Yard, at Helsinki in Finland. A second ship for the Truckline passenger operation was also later secured with Masa at Turku. Both orders were worth some £130 million, and each vessel was to take two years to build and would be built to the new 1990 Solas specifications, with designs reflecting the latest international thinking on safety at sea.

With the introduction of the *Bretagne* and further investment in improving passenger accommodation on all the ships in the fleet in 1990, the company won two leading national newspaper awards in the UK. Readers of the *The Observer* voted Brittany Ferries their 'Favourite Ferry Company of the Year' and Ivor Herbert in *The Mail on Sunday* awarded the company his car ferry award for its Portsmouth-Caen service. Meanwhile, the Truckline passenger service between Cherbourg and Poole was to see a staggering 98% increase in traffic in 1990.

The first of the new vessels being built in Finland, the *Barfleur* for the Truckline service, took to the water on 26th July 1991. The 18,000 gross ton superferry when completed would be able to take 1,200 passengers and 270 cars, or in an all-freight configuration 118 freight vehicles. Work on the larger vessel, the *Normandie,* continued for delivery in May 1992. The company also announced later in the year that the *Duc de Normandie* would undergo an extensive £3 million refit and upgrading of her passenger accommodation, prior to the *Normandie* entering service with her next year. At Portsmouth it was announced that work would start on the construction of a new double-decker linkspan and extended berth for the new 27,000 ton flagship. Meanwhile, at the Normandy port it was revealed that the work would not only involve the construction of a similar linkspan but also a considerable dredging operation to enable the giant superferry to use the port in all weather conditions.

During the late summer three old favourites of the fleet completed their final passenger sailings with Brittany Ferries. The first to stand down was the *Corbière* on 22nd September, followed a week later by the *Trégastel* and lastly the *Reine Mathilde.* The *Corbière* was duly handed back to her owners for further service in

Miles Cowsill

Une vue qu'on ne verra plus jamais – le *Normandie* et le *Duc de Normandie* ensemble à Portsmouth le 16 mai 1992.

A sight never to be repeated. The *Normandie* and *Duc de Normandie* at Portsmouth on 16th May 1992.

Miles Cowsill

Le *Normandie* arrive à Portsmouth après son premier voyage au départ de la France.

The *Normandie* arriving at Portsmouth on her maiden voyage.

Brittany Ferries

Le *Normandie* à Ouistréham suite à son premier accostage au port le 15 juin 1992. Derrière le superferry géant on aperçoit le navire fret *Normandie Shipper*.

The *Normandie* pictured at Ouistréham, following her first arrival at the port on 15th June 1993. The freight vessel *Normandie Shipper* can be seen to the stern of the giant superferry.

Miles Cowsill

Le *Duchesse Anne* arrive à St-Malo.

The *Duchesse Anne* arriving at St. Malo.

navire amiral de 27000 tonnes. Par ailleurs, de l'autre côté de la Manche à Ouistréham on annonca non seulement la construction d'une passerelle analogue mais aussi la mise en oeuvre d'une opération de dragage de grande envergure pour permettre au superferry de rentrer dans le port par tous temps.

En fin d'été, trois des navires les plus appréciés du publique ont assuré leurs derniers voyages sous le drapeau de la Brittany Ferries. Le premier à quitter le service fut *Corbière,* le 22 septembre, suivi une semaine après par *Trégastel* et, enfin, par *Reine Mathilde. Corbière* fut rendu à ses armateurs pour reprendre le service dans la Baltique. *Trégastel* fut vendu à la P&O Scottish Ferries pour exploiter la ligne entre Aberdeen (Ecosse) et les îles Shetland et Orcades. Suite à une refonte en Allemagne le navire fut rebaptisé *St Clair* pour accomplir sa nouvelle tâche. *Reine Mathilde,* vendu l'année précédente à une compagnie américaine, parta sur Brest pour être pris en mains par son nouvel armateur. L'ancien *Prince of Brittany* ne quitta pas les eaux européennes comme prévu car il fut affrété par son nouvel armateur à la BCIF pour assurer le service

the Baltic. The *Trégastel* was sold to P&O Scottish Ferries for their service between Aberdeen (Scotland) and the Shetland and Orkney Isles. Following an extensive refit in Germany the vessel emerged as the *St. Clair* for her new role. The *Reine Mathilde,* which had been sold the previous year to an American company, was sent to Brest to be handed over to her new owners. The former *Prince of Brittany* did not leave European waters as originally planned, but was instead to be chartered by her new owners to BCIF for their passenger operations for two years in place of the *Rozel*. Following certain modifications for her new role, she was renamed *Beauport*.

Carryings again grew in 1991 to even further heights, the Cherbourg route growing by a dramatic 19%. In the light of this increase, it was decided to jumboize the *Barfleur* half way through her construction in Finland. The work would allow additional cabins for 200 more passengers, enlarged public areas and further space for cars and freight. The extra work to the vessel meant that she was delayed by some three months. During October the giant *Normandie* was floated.

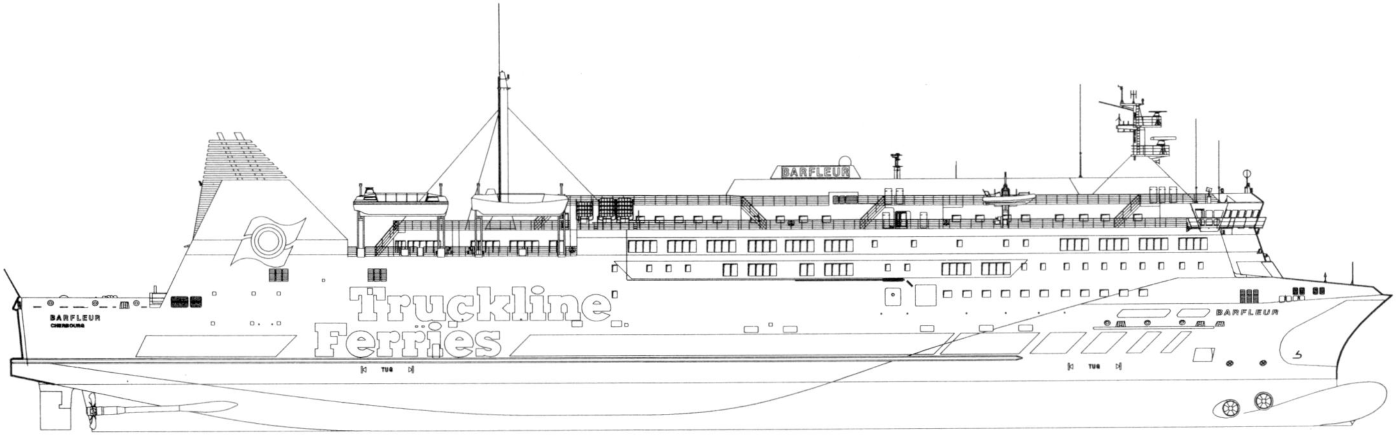

passagers à la place du *Rozel* pendant deux ans. Suite à quelques modifications afin de pouvoir accomplir sa nouvelle tâche, il fut rebaptisé *Beauport*.

En 1991 le trafic a atteint un niveau record encore une fois, celui de la ligne de Cherbourg augmentant dramatiquement de 19%. Vu cette augmentation, la compagnie décida de jumboiser le *Barfleur* qui fut en mi-construction en Finlande. Les travaux permettraient d'installer des cabines pour 200 passagers supplémentaires, d'agrandir les espaces passagers, et de transporter davantage de voitures et de camions. La livraison du navire fut retardée de trois mois. Au mois d'octobre le *Normandie* fut mis à flot.

En janvier 1992, pendant que le *Duc de Normandie* passa en chantier, l'*Armorique* ainsi que le *Quiberon* furent affectés à la ligne de Caen pour le remplacer. En mars, au retour du "Duc" désormais remis à neuf, l'*Armorique* resta sur la ligne pour lui prêter son appui jusqu'à l'arrivée du *Normandie*.

Le même mois, la compagnie annonça l'achat du ferry allemand *Nils Holgersson* de la TT Line, au prix de £70 million, pour assurer le service vers l'Espagne. Le navire serait modernisé et remis en état pour qu'il soit mieux adapté à l'exploitation de cette ligne. Une fois le *Nils Holgersson* rentré en service, le *Bretagne* serait transferé sur la ligne St-Malo – Portsmouth, à la place de l'*Armorique* et du *Duchesse Anne*.

Le 4 avril, *Barfleur* arriva à Poole pour la première fois, après

While the *Duc de Normandie* was sent for her major overhaul in January 1992, the *Armorique* and the *Quiberon* were sent to cover the Caen service. On the return of the refurbished 'Duc' in March, the *Armorique* remained on the link in a support role, until the arrival of the *Normandie*.

In March the company announced that they had purchased the German ferry *Nils Holgersson* from TT Line for £70 million for their Spanish operations. The vessel would undergo a major building programme and overhaul to make her more suitable for the Spanish route. On her entry into service in 1993, the *Bretagne* would then be transferred to the St.Malo-Portsmouth route, in place of the *Armorique* and the *Duchesse Anne*.

On 4th April the *Barfleur* sailed into Poole from Cherbourg for the first time, her arrival marking the largest ferry ever to dock at the Dorset port, where the Harbour Commissioners had carried out a substantial programme of dredging of the main channel pending this historic day. The eight-deck ship, with a capacity for 1,304 passengers and 600 cars or a combination of 304 cars and 66 freight vehicles, offered new standards for the four hour link. On board, passenger accommodation was designed on Decks 5, 6 and 7, where a wide range of public areas was provided, including two restaurants, duty-free shops and boutiques, children's playroom and nursery, and bar. Following her jumboization in January, the vessel now offered 62 cabins, all with private facilities, and a Club Class lounge with reclining seating. Following VIP days at Cherbourg and

NORMANDIE

Brittany Ferries

Bureau d'accueil.

Information Area.

Brittany Ferries

Escalier de l'accueil menant au le pont passagers principal – le Pont 7.

Stairs leading from Information Area to main passenger deck on Deck 7.

Miles Cowsill

Restaurant "Le Deauville".

'Le Deauville' Restaurant

Brittany Ferries

Restaurant "Terrace".

Terrace Restaurant.

Brittany Ferries

Normandie – hissant le grand pavois avant sa première arrivée à Caen.

The *Normandie* dressed overall prior to her first arrival at Caen.

Kvaerner Masa-Yards

Le *Normandie* dans la cale de construction en Finlande.

The *Normandie* under construction in Finland.

une traversée au départ de Cherbourg, son arrivée signalant l'accostage du ferry le plus grand de l'histoire de ce port du comté de Dorset. Ce pas historique fut possible grâce aux travaux importants de dragage entrepris par les autorités portuaires. Ce navire à huit ponts, avec une capacité de 1304 passagers et 600 voitures, ou un cargaison mixte de 304 voitures et 66 véhicules fret, proposa des installations d'un standard jamais vu auparavant sur cette liaison de 4 heures. Les aménagements passagers se trouvent sur les ponts 5, 6 et 7 où ces derniers peuvent profiter d'un grand choix de prestations, y compris deux restaurants, des boutiques hors taxes, une salle de jeux pour enfant, une crêche et un bar. Suite à sa jumboisation au mois de janvier, le navire fut équipé de 62 cabines, toutes avec WC et douche en suite, ainsi qu'un salon "Club Class" muni de sièges inclinables. Après deux journées de festivités inaugurales à Cherbourg et à Poole, le navire entra en service fret uniquement jusqu'au 14 avril, assurant un service complet fret et passagers dès le lendemain.

Un mois plus tard, le deuxième nouveau superferry de la Brittany Ferries quitta le chantier Masa en Finlande. Le baptême traditionnel aurait dû avoir lieu en France. Cependant, à cause

Poole, the vessel entered service, operating as a freight-only vessel until 14th April, prior to entering commercial passenger operations the next day.

A month later, the second new superferry of Brittany Ferries left the yard of Masa in Finland. The traditional christening ceremony of the *Normandie* was due to be performed in France. However, due to industrial action in France, the event had to be performed at Rotterdam in the Netherlands, on 14th May 1992. After the blessing had taken place, she then sailed to Ouistréham for berthing trials at the new linkspan. Two days later, the giant ferry sailed to Portsmouth for her first docking as the largest ferry ever to enter the port. Later on the Saturday she undertook a special VIP cruise through the Solent to the Needles.

The new vessel was a far cry from the early days of the company, boasting 220 luxury cabins, and a capacity for 2,120 passengers and space for 630 cars on two decks. The elegant interior of the superferry was designed to cruise-like standards,

Kvaerner Masa-Yards

La construction du *Barfleur* s'achève à Turku en Finlande.

The *Barfleur* in the final stages of construction at Turku, Finland.

Anthony Meads

L'*Armorique* arrive à Portsmouth lors de sa dernière saison sur la ligne Portsmouth – St-Malo.

The *Armorique* arriving at Portsmouth in her final season on the St. Malo-Portsmouth service.

d'une grève en France, la cérémonie eut lieu à Rotterdam, au Pays Bas, le 14 mai 1992. Une fois sa bénédiction accomplie, il appareilla à destination de Ouistréham afin d'entreprendre des essais d'accostage devant la nouvelle passerelle. Deux jours plus tard il quitta le port à destination de Portsmouth pour son premier accostage – le plus grand ferry jamais rentré dans le port. Plus tard dans la journée de samedi il appareilla de nouveau pour une mini-croisière dans les eaux du Solent, avec à son bord des personnages de marque.

La différence entre le nouveau navire et ces prédécesseurs aux tous premiers jours de la compagnie fut énorme, avec ses 220 cabines luxueuses et une capacité de 2120 passagers et 630 voitures sur deux ponts garages. La conception de l'intérieur élégant du superferry satisfit plutôt aux normes "paquebots", les installations principales se situant sur quatres ponts. Les prestations proposées aux passagers du *Normandie* inclurent deux cinémas, plusieurs boutiques hors taxe, le bar "Le Derby", une caféteria, le restaurant à la carte "Le Deauville", un bar sur terrace, le salon de thé "Le Pays

with the main accommodation situated over four decks. Aboard the *Normandie*, her stylish passenger areas included two cinemas, a duty-free shopping mall, Le Derby bar, a self-service restaurant, the Deauville à la carte restaurant and terrace bar, the Pays d'Auge tea shop and a most elegant reception area for passengers arriving on board. Original paintings by a selection of artists from Normandy graced the vessel's air-conditioned interior. With an impressive length of 161 metres and a beam of 26 metres, the vessel set new standards for the nineties on the English Channel, as had the *Duc de Normandie* in 1986, when she opened the Caen link.

On Monday 16th May 1992, under the command of Bertrand Apperry, the *Normandie* entered commercial operations between Caen and Portsmouth on the 08.00 sailing to Britain. Her entry into service increased the capacity on the route by some 40% overnight. Following the giant ferry slotting into the time-table, the *Armorique* was transferred to the St. Malo-Portsmouth link for what was going to be her last season on the route, prior to the arrival of the *Bretagne* the next year.

Later in the summer, the *Quiberon* was plagued with an engine room fire some 60 miles off the coast of Brittany and had to be

Brittany Ferries

Le Commandant Apperry, Madame Garrec (marraine du navire) et le père Olivier Pellen lors du baptême du Normandie à Rotterdam en juin 1992.

Captain Bertrand Apperry, the Godmother of the *Normandie* Mrs Garrec and Father Olivier Pellen, pictured at Rotterdam in June 1992.

Maritime Photographic

Vue de l'arrière du *Barfleur* à son arrivée à Poole.

A stern view of the *Barfleur* arriving at Poole.

Le *Duc de Normandie* en passage à Caen.

The *Duc de Normandie* on passage to Caen.

FotoFlite

Miles Cowsill

Duchesse Anne prend une belle allure à l'appareillage de Cork en route vers Roscoff en juin 1993.

Looking a fine sight, the *Duchesse Anne* is seen here leaving Cork for Roscoff in June 1993.

d'Auge" et une zone de reception très élégante pour l'accueil des passagers dès leur arrivée à bord. Les parois de l'intérieur climatisé du *Normandie* sont ornées des oeuvres d'art originales réalisées par divers artistes. Avec une longueur hors tout impressionante de 161 mètres et une largeur de 26 mètres, le navire imposa la norme a satisfaire pour les ferries transmanches des années 90, comme fit le *Duc de Normandie* en 1986 quand il inaugura la ligne de Caen.

A 8 heures du matin, Lundi 16 mai 1992, *Normandie* quitta Caen pour la premiére fois en exploitation commerciale et mis le cap sur Portsmouth, commandé par le commandant Bertrand Apperry. Du jour au lendemain, sa mise en service augmenta la capacité de la ligne de 40%. Une fois le superferry en service régulier, l'*Armorique* fut affecté au service Portsmouth – St-Malo pour sa dernière saison sur cette ligne, en attendant l'arrivée du *Bretagne* l'année suivante.

En été de la même année, un incendie dans le compartiment des machines du *Quiberon*, à 60 milles au large des côtes bretonnes, a nécessité son retrait de service pour réparations. Le trafic Roscoff-Plymouth fut transféré sur les autres lignes jusqu'à ce qu'il ait pu reprendre le service. En tant que mesure à court terme, pendant que le *Quiberon* subit des réparations, le programme du fidèle *Armorique* fut adapté pour qu'il ait pu assurer un aller et retour Cherbourg-Poole supplémentaire. En septembre l'*Armorique* fut retiré du service pour la saison hivernale mais dut reprendre la mer au mois de décembre quand le *Duchesse Anne* fut, à son tour, retiré du service pour le reste de l'année. Le 31 décembre 1992, à la suite de sa dernière traversée commandé par le Commandant Patrick Charles, le navire de 20 ans d'age fut définitivement désarmé en attendant d'être vendu, après 17 ans de service sous le drapeau de la Brittany Ferries.

A l'automne la compagnie annonça d'autres projets d'expansion avec une augmentation du nombre de départs sur la ligne Roscoff-Plymouth pour la saison 1993, ainsi que sur le service Roscoff-Cork afin de satisfaire à la demande croissante sur la ligne irlandaise. Outre les départs supplémentaires à destination de l'Irlande, à partir du mi-juin, le *Duchesse Anne* inaugurera un nouveau service entre St-Malo et Cork, une traversée de 18 heures.

Le 28 janvier 1993 le *Bretagne* fit sa première traversée Caen-Portsmouth et le lendemain matin inaugura un nouveau service

withdrawn from service for repairs. Traffic on the Roscoff-Plymouth route was transferred to other routes until she resumed operations again. As a short-term measure, whilst the *Quiberon* was off service, the faithful *Armorique* was rescheduled to operate an extra round sailing daily between Cherbourg and Poole. In September, the *Armorique* was laid up for the winter, but had to be brought back into service in December, when the *Duchesse Anne* was withdrawn from operations for the rest of the year. The now 20 year old vessel completed her last commercial sailing for the company under the command of Captain Patrick Charles on 31st December 1992, before being withdrawn for further lay-up and pending sale after 17 years sterling service.

Further expansion plans were announced by the company in the autumn, with increased sailings between Roscoff and Plymouth for 1993, and additional sailings between Roscoff and Cork would be introduced to meet the growing demand on the route. In addition to the increased sailings to Ireland the *Duchesse Anne* would open a new 18 hour route between St. Malo and Cork from mid-June.

On 28th January 1993 the *Bretagne* made her debut on the Caen-Portsmouth service, and on her arrival the next morning she opened the new seasonal Portsmouth-Santander service, which would operate until March and again from November through the

Brittany Ferries

Restaurant Self-Service "Le Turquoise" – *Barfleur*.

The 'Turquoise' Self-Service Restaurant – *Barfleur*.

saisonnier entre Portsmouth et Santander, pour exploiter la ligne jusqu'au mois de mars et à partir du mois de novembre en ce qui concerne la saison hivernale. Par ailleurs, le 15 janvier la Brittany Ferries prit en recette le *Nils Holgersson* de la TT Line. L'ancien navire allemand fut rebaptisé *Val de Loire* avant de quitter Lubeck, puis mit cap sur l'Italie ou il serait remis complètement à neuf pour être mieux adapté aux services espagnol et irlandais.

L'investissement important entrepris par la compagnie, non-seulement en ce qui concerne le tonnage mais aussi dans la formation du son personnel, réalisa de beaux bénéfices en 1992 quand la "AA" décerna un classement "5 étoiles" aux *Normandie* et *Bretagne*. Ce fut la première fois qu'une telle accolade soit accordée à des ferries exploitant des lignes transmanches. Le troisième superferry de la Flotte, *Barfleur*, fut également acclamé pour la qualité des prestations à son bord, et sa caféteria gagna 4 des 6 prix décernés.

En fin mai, le nouveau navire amiral, *Val de Loire*, fut livré à la compagnie. Il appareilla le 2 juin, commandé par le Commandant Christian Selosse, afin d'entreprendre des essais d'accostage à Santander, avant de mettre cap sur Plymouth pour une mini-croisière réservée aux journalistes et aux personnages invités. L'arrivée du nouveau superferry géant de croisière, avec une capacité de 2120 passagers et 570 voitures, ou 100 véhicules fret, fut le couronnement d'un programme d'investissement sur trois ans de £350 million, grâce auquel la flotte Brittany Ferries devint la plus jeune de la Manche.

L'intérieur élégant du navire incorpora une large gamme de cabines, toutes avec WC et douches, pour héberger 1686 passagers. 16 d'entre elles furent aménagées en cabines de luxe type "Commodore Class". Les emménagements impressionants style "ferry croisière", installés sur 10 ponts, proposèrent une abondance de prestations à ses passagers. Sur le pont inférieur se trouvèrent 2 cinémas ainsi qu'une piscine et une "espace forme". La plupart des cabines furent aménagées sur les ponts 2, 5 et 6. Sur le pont 7, le niveau auquel arrivèrent la majorité des passagers, se trouvèrent un espace accueil très impressionant avec bureau de change, ainsi qu'un salon panoramique, une boutique hors-taxe, une nursery et le restaurant self-service La Magdalena. Sur le pont 8 les installations principales furent le Restaurant "Le Temps de Vivre", le bar –

Brittany Ferries

Bar "Les Alizés" – *Barfleur*.

'Les Alizés' Bar – *Barfleur*.

winter. Meanwhile, during the same month, Brittany Ferries took delivery of the *Nils Holgersson* from TT Line. The former German vessel sailed from Lubeck on 15th January 1993 under her new name *Val de Loire* for Italy, for a major refit and rebuilding programme to make her more suitable for the Spanish and Irish operations.

Maritime Photographic

Le *Nils Holgersson* fut acheté de la compagnie allemande TT Line en 1992 afin d'augmenter les services vers l'Espagne et l'Irlande.

The *Nils Holgersson* was purchased from TT line of Germany in 1992, to expand the Spanish and Irish routes.

Miles Cowsill

Vue impressionnante du *Val de Loire* arrivant à Plymouth.

An impressive view of the *Val de Loire* arriving at Plymouth.

Val de Loire et *Bretagne* dans la rade de Plymouth, le 3 juin 1993.

The *Val de Loire* and *Bretagne* pictured in Plymouth Sound on 3rd June 1993.

Brittany Ferries

VAL DE LOIRE

L'accueil.

Reception Area.

Le salon de thé "Le Grand Large".

'Le Grand Large' Tea Shop.

Le salon "Commodore Classe".

Commodore Class Lounge.

Le restaurant "Le Temps de Vivre".

'Le Temps de Vivre' Restaurant.

Photos: Miles Cowsill

Maritime Photographic

Le *Bretagne* lors de son premier voyage entre Portsmouth et Santander, le 29 janvier 1993.

The *Bretagne* pictured on her inaugural voyage between Portsmouth and Santander on the 29th January 1993.

terrasse "Le Layon", le salon de thé "Le Grand Large" et le restaurant – bistro "Café du Port". Sur le pont au-dessus furent aménagés un "Espace Beauté", un studio photo et d'autres boutiques diverses ainsi que le bar "Le Rabelais". Finalement, sur le pont 10 se trouvèrent les cabines de luxe et une infirmerie.

L'intérieur impressionnant du ferry géant fut agrémenté d'objets maritimes, tels que des maquettes de plusieurs paquebots associés aux lignes transatlantiques du 20 ième siècle. Des oeuvres originales commandées spécialement ornèrent aussi le navire, y compris des tableaux du peintre écossais renommé, Alexander Goudie, dont les oeuvres récentes inclurent des portraits de la Reine et du Grand Chancelier de la Grande Bretagne. Goudie réalisa également les oeuvres à bord du *Bretagne*. Comme avec les autres navires de la flotte, *Val de Loire* fut équipé des installations de sécurité des plus modernes. Le montant global des travaux de mise en état du navire, entrepris en Italie, fut de £70.

Le 9 juin 1993, le nouveau navire amiral de la compagnie rentra en service commercial sur la ligne Plymouth Santander. Quelques quatre jours plus tard, il accosta à Cork, devenant ainsi le plus grand ferry de l'histoire de la navigation irlandaise. Le 14 juin, suite

The major investment, not only in new tonnage but in extensive staff training, was to pay handsome dividends for the company during 1992, when the AA awarded Brittany Ferries a five star rating for the *Normandie* and *Bretagne*, making it the only company to receive the highest accolade for ferries operating on the Channel. The other new superferry of the fleet, the *Barfleur*, also won praise for its on-board service, winning four out of the six awards for its self- service restaurant.

In late May, the company took delivery of their new flagship *Val de Loire*, under the command of Captain Christian Selosse. She sailed to Santander for berthing trials on 2nd June, before sailing to Plymouth on a private cruise for the travel trade and VIP's. The new giant cruise ferry, with a capacity for 2,120 passengers and 570 cars, or 100 freight vehicles, heralded the climax of the three year £350 million investment plan, which now put the company in the position of operating the youngest fleet on the Channel.

The elegant interior of the new flagship included an extensive range of cabins, all having private en suite facilities, for 1686 passengers. Sixteen of her cabins had been fitted to luxury design in the new Commodore Class part of the ship. The impressive cruise-ferry passenger accommodation, located over ten decks, offered passengers a wealth of public areas. Situated on the lowest deck level were two cinemas, a swimming pool, and health centre. Most of the passenger cabins were located on Decks 2, 5 and 6. On the seventh deck, where most passengers joined the ship, there was a most impressive information area with a Bureau de Change; the Panoramic Lounge, La Boutique duty-free shop, children's nursery, and the La Magdalena self-service restaurant were also on this level. On Deck 8, Le Temps de Vivre restaurant, Le Layon piano bar, Le Grand Large tea shop and the Café du Port bistro were the main features. The deck above included a beauty care centre, photo shop and other shopping facilities, as well as the Le Rabelais bar. On the tenth deck the luxury Commodore Class cabins and a medical centre could be found.

The impressive interior of the giant ferry featured many nautical items, including a selection of liner models associated with the Atlantic operations between Europe and America during this century. Specially commissioned works of art were featured around the ship, including the works of Alexander Goudie, the famous

à la mise en service du *Val de Loire*, *Bretagne* fut affecté à la ligne de St-Malo. Par ailleurs le *Duchesse Anne* inaugura le nouveau service Cork – St-Malo le 22 juin.

Aujourd'hui, le Groupe Brittany Ferries se compose de 3 sociétés françaises principales – Sabemen (propriétaire de l'*Armorique*, *Duchesse Anne*, *Bretagne* et *Quiberon*), Senacal (qui participe à la propriété du *Normandie* et du *Duc de Normandie*), et Senamanche (à qui appartient le *Barfleur*). Les autres sociétés qui constituent le Groupe sont la BAI, Truckline Ferries, Serestel et deux filiales britanniques, BAI UK Ltd et Truckline Ferries (Poole) Ltd.

Depuis l'inauguration de la ligne Plymouth-Roscoff en janvier 1973 par l'ancien navire de débarquement de chars, *Kerisnel*, la Brittany Ferries a évoluée énormément. D'une opération limitée à un seul navire, elle est devenue une grosse entreprise qui vaut des millions de livres, exploitant 9 lignes entre la France, le Royaume-Uni, l'Espagne, et l'Irlande, avec une flotte de 7 navires passagers élégants ainsi que 2 navires frets. La Brittany Ferries est actuellement le plus grand opérateur de vacances motorisées à partir du Royaume-Uni et dans un rapport publié par la revue *Which Magazine* a pris la septième place des dix premiers opérateurs de vacances du pays en ce qui concerne la qualité de ses prestations. La compagnie a aussi une participation de 49% dans les British Channel Island Ferries, desservant les îles de Jersey et Guernesey avec des services passagers et fret au départ de l'Angleterre. Mais les activités de la compagnie ne se limitent pas à la navigation car en 1992 elle a participé jusqu'à 15% dans la chaine britannique "West Country Television". 50% du trafic transmanche à l'Ouest du détroit passe par la Brittany Ferries et elle transporte environ 30,000 passagers par jour. Elle a fait 1.83 milliard de francs de chiffre d'affaires en 1992 et emploie plus de 2500 employées des deux côtés de la Manche. Vingt ans plus tard, le temps morne du premier départ de l'hiver 1973 a été transformé en rêve d'été réalisé pour Alexis Gourvennec et pour la Brittany Ferries, devenue un des plus grands armateurs de France.

Scottish artist whose recent commissions included the Queen and the Lord Chancellor. Goudie had also been responsible for the artwork on the *Bretagne*. Like the other vessels in the fleet, the *Val de Loire* had been fitted with the latest safety equipment. Some £70 million had been spent on the new vessel during her refit in Italy.

On 9th June 1993 the new flagship of the company entered commercial operations between Plymouth and Santander. Some four days later she reached the Irish port of Cork making shipping history as the biggest ferry ever to operate from Ireland. Following the *Val de Loire* entering service, the *Bretagne* transferred to the St. Malo route on 14th June. Meanwhile the *Duchesse Anne* opened the new Cork-St. Malo service on 22nd June.

Today, the Brittany Ferries Group is made up of three main French companies – Sabemen (who own the *Armorique*, *Duchesse Anne*, *Bretagne* and *Quiberon*), Senacal (who hold the interests of the *Normandie* and *Duc de Normandie*), and Senamanche (who own the *Barfleur*). Other companies in the group include BAI, Truckline Freight, Serestel and two British subsidiaries, BAI UK Ltd. and Truckline Ferries (Poole) Ltd.

Brittany Ferries has come a long way since January 1973, when the converted tank landing craft *Kerisnel* opened the Roscoff-Plymouth operation. From a one-ship operation, the company has grown into a multi-million pound business, with nine routes to France, Spain and Ireland, and a fleet of seven stylish vessels and two freight ships. Brittany Ferries is currently the largest inclusive car holiday operator from the UK and in 1992 in a report by *Which Magazine*, was placed the seventh in the top ten holiday operators in the UK in terms of quality. The company also holds a 49% interest in British Channel Island Ferries, who serve Jersey and Guernsey with both passenger and freight sailings from mainland Britain. The company interests are not limited to shipping, for in 1992 they took a 15% interest in West Country Television. Brittany Ferries account for more than 50% of cross-channel traffic outside the Dover Straits, handling up to 30,000 passengers a day. The company's turnover in 1992 was 1.83 billion francs, and it now employs over 2,500 people on both sides of the Channel. The bleak winter's day of 1973, with the first sailing of Brittany Ferries, has turned some twenty years later into Alexis Gourvennec's summer dream of one of France's most important shipping companies.

Brittany Ferries

Le *Bretagne* quitte Portsmouth sous le soleil couchant.

The *Bretagne* leaving Portsmouth in the evening sun.

Miles Cowsill

Le navire de fret *Normandie Shipper*, de la Truckline, arrive à Portsmouth en juin 1993.

The Truckline freight vessel *Normandie Shipper* arriving at Portsmouth in June 1993.

Brittany Ferries

Le *Purbeck* quitte Cherbourg en route vers Poole.

The *Purbeck* leaving Cherbourg for Poole.

L'HISTOIRE TRUCKLINE LA LIGNE FRET

Au début des années 70 un transporteur international britannique, Frank Allen, envisageait de créer un service transmanche de fret seul, mais il ne put réunir les sommes considérables nécessaires à la réalisation d'un tel projet. En 1972, Peter Allsebrook fut contacté par l'un des administrateurs de la Goldsfield Shipping pour définir si il serait partant pour se joindre à

TRUCKLINE STORY – THE FREIGHT ONLY ROUTE

During the early seventies Frank Allen, the owner of a large Hampshire-based international haulage business, considered opening a truck-only service across the Channel, but was unable to continue the project due to the considerable funding required to open such an operation. In 1972 Peter Allsebrook was approached by one of the Goldsfield's shipping directors, to

Le *Barfleur* arrive à Cherbourg lors de sa livraison de la Finlande.

The *Barfleur* arriving at Cherbourg on her delivery voyage from Finland.

Brittany Ferries

lui et à une tierce personne pour mettre au point une ligne transmanche de fret.

Parallèlement, la Commission du Port de Poole (Poole Harbour Commissioners) avait dès 1971 déclaré son intention d'installer un terminal marchandises sur Cherbourg. On pensa que le service fret au départ de Poole aurait plus de succès, en raison de l'excellente accessibilité du port, et du fait que Cherbourg ne soit qu'à 64 milles nautiques, faisant de cette traversée la plus courte de port à port à l'ouest du Pas de Calais. La Commission portuaire de Poole commença par remblayer une superficie de terrain pour y installer la nouvelle gare maritime en 1971, et les travaux furent achevés deux ans plus tard. Le nouveau terminal était équipé d'une rampe de 22 mètres et d'une rampe de chargement latéral pour voitures neuves, permettant des mouvements plus rapides dans le port.

Au départ, Peter Allsebrook pensait pouvoir monter sa société dans le cadre familial, mais vu les besoins en capitaux nécessaires au financement d'au moins deux navires, le minimum nécessaire pour exploiter valablement la ligne, il décida que c'était au delà des possibilités de l'affaire familiale. Après concertation avec deux banquiers proches (Banque Worms et Hambros), Peter Allsebrook accepta que les deux banques financent le projet, avec sa famille et d'autres associés, parmi lesquels TNT Limited, Bill Cottell et Frank Allen.

La nouvelle compagnie "Truckline" fut créée à la suite de la mise au point du plan financier, et deux petits navires transbordeurs furent commandés à un chantier français. On négocia une exclusivité d'utilisation du terminal de Poole, et des droits équivalents furent obtenus pour Cherbourg. On se mit d'accord au départ de la Truckline sur trois principes fondamentaux, qui ont été à peu près respectés et sont encore en vigueur aujourd'hui sous la direction Brittany Ferries, exception faite pour l'introduction l'été seulement d'un service passagers. Ces trois principes sont les suivants: l'exploitation serait Franco-Anglaise, ne concernerait que du fret, et opèrerait d'un port non encombré à un autre port non encombré, de manière à garantir une qualité de service inégalée.

Le premier navire mis en service fut le navire de pavillon britannique *Poole Antelope*, à la fin juin 1973. Son sistership français *Dauphin de Cherbourg* le suivrait dans le courant de l'année. Il apparut, peu de temps après la mise en service du premier navire,

establish whether or not he would be interested in joining with them and a third party in the setting up of a freight-only service across the English Channel.

In the late sixties the Poole Harbour Commissioners began investigating plans to establish a terminal for a freight-only service to Cherbourg. It was felt that the freight-only service from Poole would have a higher chance of success due to the port's good accessibility and that Cherbourg was only 64 nautical miles away, making it the shortest point-to-point distance west of the Dover Straits services. The Poole Harbour Commissioners started work on reclaiming land for the new terminal in 1971, and the work was completed two years later. The new terminal was equipped with a 22 metre link-span and side loading ramp for new cars to enable quick turnarounds at the port.

Initially Peter Allsebrook felt that he would be able to set up the

Le lancement du *Poole Antelope* en 1973.

The launch of the *Poole Antelope* in 1973.

Ferry Publications Library

Le *Cotentin* quitte Poole à destination de Cherbourg.

The *Cotentin* pictured leaving Poole for Cherbourg.

que les deux bâtiments seraient vite trop petits. Tout d'abord, l'hiver 1973 fut l'un des pires du point de vue météorologique, et les deux bateaux furent incapables de maintenir des horaires réguliers en raison des conditions difficiles. Deuxièmement, l'assomption que la plus large part du trafic camions entre le Royaume Uni et la C.E.E. traverserait la Manche non-accompagnée en raison de l'entrée de la Grande-Bretagne dans le marché commun, s'avéra fausse. Les deux nouveaux bateaux ne pouvaient embarquer que 12 passagers chacun, et au début de la ligne on dut faire voyager les chauffeurs par avion pour leur permettre de récupérer leur camion de l'autre côté. Ce fut loin d'être la solution idéale.

Au début de 1975, les deux premiers navires furent remplacés par des unités plus grandes, le Cotentin et le Dorset, chacun pouvant embarquer 25 remorques de 12 mètres, 50 voitures de série, et avec des cabines pour les chauffeurs. Le *Poole Antelope* et le *Dauphin de Cherbourg* furent affrétés, puis vendus, à réception des nouveaux navires. A la suite de l'erreur initiale de n'avoir pas fait construire la capacité suffisante, la Truckline dut mettre au point un nouveau plan financier pour sauvegarder ses opérations et combler les pertes encourues financières. Il devint néanmoins nécessaire d'impliquer deux compagnies de navigation françaises dans la Truckline. La Compagnie Générale Maritime (compagnie nationalisée) et les Chargeurs Réunis s'engagèrent. Cet engagement des deux compagnies françaises permit d'obtenir des subventions

new company on a family basis. However, with capital required to finance a minimum of two ships needed to operate an effective service, he decided that it was beyond the capacity of the normal family trust. After discussions with two close banking associates, (Banque Worms and Hambros) Peter Allsebrook agreed to both banks financing the project, with his family and other associates including TNT Limited, Bill Cottell and Frank Allen.

The new company "Truckline" was established following the setting up of the financial package and two small ro-ro vessels were ordered from a French yard. Exclusive rights for the use of the terminal at Poole were negotiated and the equivalent exclusive rights were obtained at Cherbourg. Three basic principles were agreed at the start of Truckline and as far as possible they have been adhered to and still hold good today under the management of Brittany Ferries, apart from the introduction of a special summer only passenger service. The three principles were firstly, that the operation should be Anglo-French; secondly, it should be a freight-only service; and finally, that it should provide a service which would be second-to-none, operating from unencumbered port to unencumbered port.

The first vessel to enter service was the British registered *Poole Antelope*, at the end of June 1973. The French registered sister, *Dauphin de Cherbourg*, was to follow later in the year. Soon after the first ship entered service, it became obvious that both new vessels were going to be far too small. Firstly, the winter of 1973 turned out to be one of the worst ever experienced for bad weather, neither ship being able to keep to a regular schedule. Secondly, the assumption was that the greater part of lorry traffic between the U.K. and E.C. would cross the Channel unaccompanied following Britain's entry into the Common Market, but this proved to be incorrect. Both new ships were only able to carry 12 passengers, and in the early days of the service drivers had to be flown across the Channel to meet their lorries on the other side, which was a far from happy state of affairs.

At the beginning of 1975 the two premier ships were replaced by two charter vessels, the *Cotentin* and the *Dorset*, both of which had a capacity for 25 x 12 metre trailers, plus space for 50 production cars and accommodation for lorry drivers. The *Poole Antelope* and *Dauphine de Cherbourg* were then chartered out and

substantielles pour la construction de nouveaux navires en France.

Après la réorganisation de la Truckline, deux nouvelles unités furent commandées à un chantier français, pour remplacer les navires affrêtés. L'année 1978 fut un tournant pour la Truckline, avec la mise en service de deux navires construits "sur mesure" et de conception totalement nouvelle. Ce tonnage doubla la capacité de la compagnie et releva la qualité du service à un niveau sans précédent sur les lignes de fret de la Manche. Les nouveaux sisterships, le *Purbeck* et le *Coutances*, mesuraient 120 m hors tout, avec quatre ponts de chargement. Le pont principal et le pont supérieur, reliés par un monte-charge, accueilleraient le fret en 46 camions, tandis que les ponts inférieurs étaient prévus pour 60 voitures neuves. Le *Coutances* comme le *Purbeck* disposaient de bonnes installations d'accueil passagers, comprenant une cafétéria, un salon de télévision et des cabines pour 50 chauffeurs. Les nouveaux navires croisaient à 16 noeuds, traversant la Manche en quatre heures et demie. Les nouveaux départs étaient à 08:30, 16:00 et 22:30 du port du Dorset, et de Cherbourg à 09:30, 17:00 et 00:30.

Un troisième navire, le *Tourlaville*, fut acheté ultérieurement, en raison du succés des nouvelles unités sur la ligne, permettant à la compagnie d'offrir en moyenne quatre départs par jour dans chaque sens. Du modeste tonnage de 2324 camions en 1973, la Truckline transportait dix ans plus tard près de 65000 unités par an. En 1984, une seconde rampe fut installée à Poole et le terminal fut agrandi d'une vingtaine d'hectares supplémentaires.

Ferry Publications Library

subsequently sold, on the arrival of the new tonnage.

Following the initial mistakes of the new company in failing to build the right tonnage for the service, it was necessary for Truckline to set up a new financial package to save its operations and meet the heavy losses incurred to date. It became necessary to involve two other French shipping companies in Truckline – Compagnie Générale Maritime (controlled by the French Government) and Changeurs Réunis. As a result of their involvement, substantial financial grants were made available for building new ships in France.

After the re-organisation of Truckline, two new vessels were ordered from a French yard to replace the chartered ships. The year 1978 became a turning point for Truckline with the introduction of two new custom built ships of completely new design. The new tonnage doubled the carrying capacity of the company and raised the standard to that never previously obtained from freight-only service on the Channel. The new sister ships, *Purbeck* and *Coutances*, measured some 109.7m overall and offered four decks for cargo. The main deck could carry freight, together with the upper deck, which was linked by a 40-ton lift, making a combined capacity of 46 lorries; whilst the two lower decks, below the main deck forward, had provision for up to 60 new cars. Both vessels offered good passenger accommodation, which included a cafeteria, TV room and cabins for up to 50 drivers. The new ships operated at a service speed of 16 knots, taking some 4½ hours to cross the Channel. Sailings were now offered from the Dorset port at 08.30, 16.00 and 22.30, with return sailings from Cherbourg at 09.30, 17.00 and 00.30.

A third vessel, the *Tourlaville*, was later purchased for the operations following the success of the two new ships on the route, thereby enabling the company to offer an average of four sailings a day in each direction. From the modest carryings of 2,324 lorries in 1973, some ten years later Truckline was carrying almost 65,000 units a year. In 1984, a second link-span was provided at Poole and the terminal was extended by a further 40 acres.

La jumboisation du *Coutances* a eu lieu en 1986. Ici on voit la mise en place de la partie avant du navire à côté de la nouvelle partie milieu et arrière.

The *Coutances* was sent for jumboization in 1986. In this picture the forward section of the vessel is being slowly manoeuvred back to join the new middle stern section of the ship.

UNE NOUVELLE ERE

En 1985, la Truckline fut rachetée par la Brittany Ferries dans le cadre d'un projet d'expansion de la compagnie bretonne. Brittany Ferries injecterait 3,5 millions de livres dans la Truckline peu de temps après la reprise, pour étendre et améliorer le service; une partie du projet d'expansion intéressant la Truckline comprenait la jumboisation du *Coutances* et du *Purbeck*. A son tour, la Commission portuaire de Poole donna son approbation pour le dragage d'un deuxième chenal d'accès, permettant d'accueillir des navires plus grands annoncés par la jumboisation des navires de la Truckline.

Les Ateliers et Chantiers de La Rochelle obtinrent le marché d'agrandissement des navires, à effectuer en cinq mois à compter de janvier 1986. Pendant l'absence des deux navires, le *Cornouailles* et le *Breizh-Izel* assurèrent les opérations, à partir de la flotte Brittany Ferries. Le *Coutances* fut le premier à partir en chantier en janvier, et revint le 30 mars. A son arrivée le *Purbeck* partit se faire rallonger. Chaque navire à son retour avait une capacité augmentée de 46 à 63 remorques, et une longueur passée de 109,7 à 125,17 metres.

Au cours du mois de décembre 1985, Brittany Ferries annonca l'ouverture à partir de 1986 d'une ligne passagers entre Poole et Cherbourg, sous la bannière de la Truckline. La nouvelle ligne serait appelée "Les Routiers", et proposerait un service économique sans fioritures, avec un bon rapport qualité-prix. On proposerait jusqu'à deux départs par jour de juin à septembre, par l'ancien navire de la Brittany Ferries, *Cornouailles*. Le *Cornouailles* serait limité à 300 passagers et la nouvelle ligne serait intégrée au service de fret existant. La nouvelle ligne fut un succés pour sa première saison, et fut renouvelée en 1987.

A l'automne, Brittany Ferries annonca la mise en service d'un navire plus grand, le *Trégastel* de Roscoff, sur la ligne pour l'été suivant. En l'occurrence c'est l'ancien navire BCIF *Corbière* qui assura le service car il a fallu que le *Trégastel* continue à exploiter la ligne de Roscoff à cause de la livraison retardée du nouveau superferry Bretagne. Le *Coutances* acheva sa 10000ème traversée sur la ligne fret de Cherbourg le 18 octobre 1988. Peter Allsebrook,

A NEW ERA

In 1985 Truckline was purchased by Brittany Ferries, as part of an expansion plan by the Breton ferry company. Brittany Ferries injected £3.5 million into Truckline shortly after the takeover, to expand and improve the service. As part of the expansion plans for Truckline, it was decided to jumboize the *Coutances* and *Purbeck*. In turn, the Poole Harbour Commissioners approved a plan to dredge a second channel to the port to enable it to handle the much larger ships.

Ateliers et Chantiers, La Rochelle were given the contract to enlarge the freight ships within a five month period, starting in January 1986. Whilst both vessels were absent from service, the *Cornouailles* and the *Breizh-Izel* from the fleet of Brittany Ferries covered the freight operations on the Normandy/Dorset link. The *Coutances* was the first to go off for jumboization in January and she returned on 30th March. Upon her arrival, the *Purbeck* then left for lengthening. Following the extension of both vessels from 109.7 metres to 125.17 metres, their freight capacity was increased from 46 to 63 trailers.

During December 1985, Brittany Ferries announced that they would be opening a new passenger ferry service between Cherbourg and Poole from 1986, under the banner of Truckline operations. The new route would be integrated into the existing freight services and marketed under the banner of *'Les Routiers'*, which would be based on offering a no frills, value for money approach. Up to two return sailings a day between June and September would be offered by the Brittany Ferries' ship *Cornouailles*, which would be limited to 300 passengers. The new route proved a great success during its first season of operation and was repeated in 1987.

Brittany Ferries in the autumn announced that a larger ship *Trégastel* from Roscoff would be placed on the passenger route for the following summer. In the event the former BCIF vessel *Corbière* had to be used, as the *Trégastel* could not be released from her operations at Roscoff, with the late delivery of the new superferry *Bretagne*.

The *Coutances* completed its 10,000th crossing on the Cherbourg freight service on 18 October 1988. Peter Allsebrook,

fondateur et président de la Truckline, était à bord pour marquer l'évènement.

En mai 1989, un navire marchandises appelé *Stena Shipper* serait affrété pour maintenir les services fret de Cherbourg et de Caen. Le nouveau navire, rebaptisé *Normandie Shipper*, sera le plus grand navire de fret en service sur la Manche, avec une capacité de 140 remorques de 12 mètres et des installations d'hébergement pour 120 chauffeurs.

L'année suivante, *Trégastel* et *Corbière* assurèrent le service ensemble avec jusqu'à 4 départs par jour dans les deux sens. Les mêmes horaires furent proposés l'année suivante jusqu'à l'arrivée du nouveau superferry *Barfleur*. La mise en service de ce dernier augmenta la capacité de la ligne et apporta des prestations d'un nouveau standard à ce service établi depuis six ans.

En 1993, suite à l'arrivée du nouveau tonnage, le *Purbeck* fut retiré du service et désarmé à Cherbourg avec l'*Armorique*. Par ailleurs, *Coutances*, agé de 20 ans comme son armateur, continua à exploiter la liaison Poole-Cherbourg en même temps que le navire passagers polyvalent. L'autre navire fret du groupe, *Normandie Shipper*, continue à assurer son rôle de soutien aux navires passagers sur la ligne Caen-Portsmouth.

La Truckline, sous l'oeil attentif de Brittany Ferries, reste une compagnie indépendante, dirigée comme avant sa reprise selon les principes initiaux du feu Peter Allsebrook, donnant la priorité aux transporteurs et aux chauffeurs.

Truckline's founder and the Chairman of the Company, was aboard to mark the event.

In May 1989 Truckline chartered the freight ship *Stena Shipper* to maintain the Cherbourg and Caen freight services. The new ship, renamed *Normandie Shipper*, would be the largest freight ship on the English Channel operations with a capacity for up to 140x12 metre trailers and accommodation for 120 drivers.

The following year, the *Trégastel* and the *Corbière* operated the service together with up to four sailings a day in each direction. A similar timetable was offered the next year, prior to the arrival of the new passenger ferry *Barfleur*. The introduction of the new superferry increased the capacity on the route and also brought new standards to the now six year old service.

During 1993 the *Purbeck* was withdrawn from service and laid-up at Cherbourg with the *Armorique*, following further new tonnage entering service. The *Coutances* meanwhile continued to operate with the multi-purpose passenger vessel on the Cherbourg-Poole link, which like her parent company celebrated its twentieth anniversary in 1993. The other freight ship of the group, the *Normandie Shipper* continues to operate on the Caen-Portsmouth service, in a support role to the passenger ships of Brittany Ferries.

Truckline remains very much an independently run company within the Brittany Ferries Group, still retaining the original principles of the late Peter Allsebrook of putting the freight operator and driver first.

Truckline

LA FLOTTE ACTUELLE/ PRESENT FLEET

FotoFlite

BARFLEUR

Launched	Construction	1992
Gross Tonnage	Jauge brute approximative (Tonneaux)	20 500
Displacement (Tons)	Déplacement (Tonnes)	13 280
Length	Longueur	157,65m
Beam	Largeur	23,30m
Maximum draught	Tirant d'eau maxi	5,60m
Service speed	Vitesse	19,3 Knots/Noeuds
Power	Propulsion	4 x 3100 KW
Generating capacity	Puissance électrique	3940 KW
Crew	Equipage	76
Total passenger capacity	Capacité totale (passagers)	1202
Number of cabins (passengers)	Nombre de cabines (passagers)	62
Number of berths	Nombre de couchettes	248
Cars	Capacité garage	590 (ou 1580m roulage fret)
Pullman seats	Nombre de sièges inclinables	295
Passenger lift	Ascenseur	1
Hospital	Hôpital	1 bed

Miles Cowsill

NORMANDIE

Launched	Construction	1992
Gross Tonnage	Jauge brute approximative (Tonneaux)	27 000
Displacement (Tons)	Déplacement (Tonnes)	15 760
Length	Longueur	161,40m
Beam	Largeur	26m
Maximum draught	Tirant d'eau maxi	6m
Service speed	Vitesse	20,5 Knots/Noeuds
Power	Propulsion	4 x 4440 KW
Generating capacity	Puissance électrique	3 x 2460 KW
Crew	Equipage	130
Total passenger capacity	Capacité totale (passagers)	2120
Number of cabins (passengers)	Nombre de cabines (passagers)	220
Number of berths	Nombre de couchettes	780
Cars	Capacité garage	600
Pullman seats	Nombre de sièges inclinables	416
Passenger lift	Ascenseur	2
Hospital	Hôpital	1 bed

Miles Cowsill

VAL DE LOIRE

Launched	Construction	1987
Gross Tonnage	Jauge brute approximative (Tonneaux)	32 000
Displacement (Tons)	Déplacement (Tonnes)	16 500
Length	Longueur	161,60m
Beam	Largeur	27,60m
Maximum draught	Tirant d'eau maxi	6,50m
Service speed	Vitesse	20 Knots/Noeuds
Power	Propulsion	4 x 4900 KW
Generating capacity	Puissance électrique	3 x 1890 KW
Crew	Equipage	164
Total passenger capacity	Capacité totale (passagers)	2140
Number of cabins (passengers)	Nombre de cabines (passagers)	543
Number of berths	Nombre de couchettes	1686
Cars	Capacité garage	600
Pullman seats	Nombre de sièges inclinables	159
Passenger lift	Ascenseur	2
Hospital	Hôpital	1 bed

Miles Cowsill

BRETAGNE

Launched	Construction	July 1989
Gross Tonnage	Jauge brute approximative (Tonneaux)	23 000
Displacement (Tons)	Déplacement (Tonnes)	13 000
Length	Longueur	152,80m
Beam	Largeur	26m
Maximum draught	Tirant d'eau maxi	6,20m
Service speed	Vitesse	21 Knots/Noeuds
Power	Propulsion	17600 KW
Generating capacity	Puissance électrique	7050 KW
Crew	Equipage	140
Total passenger capacity	Capacité totale (passagers)	2030
Number of cabins (passengers)	Nombre de cabines (passagers)	367
Number of berths	Nombre de couchettes	1146
Cars	Capacité garage	580
Pullman seats	Nombre de sièges inclinables	454
Passenger lift	Ascenseur	3
Hospital	Hôpital	3 beds

Brittany Ferries

DUC DE NORMANDIE

Launched	Construction	1978
Gross Tonnage	Jauge brute approximative (Tonneaux)	9355
Displacement (Tons)	Déplacement (Tonnes)	8620
Length	Longueur	131,60m
Beam	Largeur	22m
Maximum draught	Tirant d'eau maxi	5,20m
Service speed	Vitesse	21 Knots/Noeuds
Power	Propulsion	4 x 4048 KW
Generating capacity	Puissance électrique	4 x 913 KW
Crew	Equipage	106
Total passenger capacity	Capacité totale (passagers)	1500
Number of cabins (passengers)	Nombre de cabines (passagers)	219
Number of berths	Nombre de couchettes	572
Cars	Capacité garage	350
Pullman seats	Nombre de sièges inclinables	400

Brittany Ferries

QUIBERON

Launched	Construction	1975
Renovation	Rénovation	1990
Gross Tonnage	Jauge brute approximative (Tonneaux)	8314
Displacement (Tons)	Déplacement (Tonnes)	7450
Length	Longueur	129m
Beam	Largeur	21,06m
Maximum draught	Tirant d'eau maxi	5,13m
Service speed	Vitesse	20 Knots/Noeuds
Power	Propulsion	4 x 2944 KW
Generating capacity	Puissance électrique	3 x 857 KW
Crew	Equipage	100
Total passenger capacity	Capacité totale (passagers)	1402
Number of cabins (passengers)	Nombre de cabines (passagers)	224
Number of berths	Nombre de couchettes	758
Cars	Capacité garage	260
Pullman seats	Nombre de sièges inclinables	181

Miles Cowsill

DUCHESSE ANNE

Launched	Construction	1979
Gross Tonnage	Jauge brute approximative (Tonneaux)	6812
Displacement (Tons)	Déplacement (Tonnes)	6100
Length	Longueur	122m
Beam	Largeur	18,5m
Maximum draught	Tirant d'eau maxi	5m
Service speed	Vitesse	20 Knots/Noeuds
Power	Propulsion	4 x 4500 HF
Generating capacity	Puissance électrique	2600 KW
Crew	Equipage	78
Total passenger capacity	Capacité totale (passagers)	1300
Number of cabins (passengers)	Nombre de cabines (passagers)	156
Number of berths	Nombre de couchettes	471
Cars	Capacité garage	290
Pullman seats	Nombre de sièges inclinables	388

Maritime Photographic

NORMANDIE SHIPPER

Launched	Construction	1973
Gross Tonnage	Jauge brute approximative (Tonneaux)	4,078
Length	Longueur	142.3
Beam	Largeur	16.4
Maximum draught	Tirant d'eau maxi	4.5
Service speed	Vitesse	17 Knots/Noeuds
Total passenger capacity	Capacité totale (passagers)	36
Freight	Capacité garage	79
Number of berths	Nombre de couchettes	68

Miles Cowsill

COUTANCES

Launched	Construction	1978
Gross Tonnage	Jauge brute approximative (Tonneaux)	3,046
Length	Longueur	125.2
Beam	Largeur	17.5
Maximum draught	Tirant d'eau maxi	4.5
Service speed	Vitesse	17 Knots/Noeuds
Total passenger capacity	Capacité totale (passagers)	58
Freight	Capacité garage	64
Number of berths	Nombre de couchettes	58

LISTE DE LA FLOTTE BRITTANY FERRIES/ FLEET LIST BRITTANY FERRIES

NAME	GROSS TONS	YEAR BUILT	NOTES
AILSA PRINCESS*	3,715	1971	1982: Chartered to Brittany Ferries
ARMORIQUE	5,732	1972	Ex **Terje Vigen** 1975: Purchased by Brittany Ferries 1992: Withdrawn from service. *1993: Reserve Vessel*
BARFLEUR	20,500	1992	*1993: Cherbourg-Poole*
*BONANZA**	2,399	1972	1976: Chartered to Brittany Ferries
BRETAGNE	23,000	1989	*1993: St.Malo-Portsmouth*
BREIZH-IZEL	2,768	1970	Ex **Iniochos Express** Ex **Rata Hills** Ex **Wanaka** 1980: Purchased by Brittany Ferries 1989: Sold to Marlines and renamed **Duchess M**
CORNOUAILLES	3,382	1977	1984: Chartered by SNCF for 2 years 1989: Sold to BCIF and renamed **Havelet**
COUTANCES	3,099	1977	*1993: Cherbourg-Poole (Truckline Freight)*
DUC DE NORMANDIE	9,367	1978	Ex **Prinses Beatrix** 1985: Purchased by Brittany Ferries *1993: Caen-Portsmouth*
DUCHESSE ANNE	6,812	1979	Ex **Connacht** 1988: Purchased by Brittany Ferries *1993: Roscoff-Plymouth/Roscoff-Cork/St.Malo-Cork*
*FARADAY**	2,932	1980	1980: Chartered to Brittany Ferries
FALSTER* (Renamed **PRINCE DE BRETAGNE**)	2,424	1972	1974: Chartered
*GABRIELLE WEHR**	4,413	1978	1988: Chartered to Brittany Ferries
GELTING NORD (renamed BENODET)	4,371	1970	Ex **Apollo**, Ex **Olau West** Ex **Gelting Nord** 1983: Chartered by Brittany Ferries 1984: Renamed **Corbière** by BCIF 1990-91: Truckline operations 1992: Handed back to owners

Steffen Weirauch

Princess M (ex Penn-ar-Bed).

John May

Duchess M (ex Breizh-Izel).

NAME	GROSS TONS	YEAR BUILT	NOTES
GOTLAND*	6,642	1973	1988: Chartered to Brittany Ferries
KERISNEL	2,293	1972	Ex **Lilac** 1972: Purchased by Brittany Ferries 1974: Sold Renamed **La Durane**
MUNSTER*	4,066	1968	1979: Chartered to Brittany Ferries
*NORMANDIA**	2,311	1970	1979: Chartered to Brittany Ferries
NORMANDIE	27,000	1992	*1993: Caen-Portsmouth*
NORMANDIE SHIPPER	4,078	1973	Ex **Union Wellington** Ex **Alpha Express** Ex **Stena Shipper** Ex **Speedlink Vanguard** Ex **Caribe Express** Ex **Kirk Shipper** 1989: Chartered by Brittany Ferries. 1991: Purchased by Brittany Ferries *1993: Caen-Portsmouth (Truckline Freight)*
OLAU WEST*	3,062	1963	Ex **Grenaa** Ex **Kalle** 1976: Chartered to Brittany Ferries
PENN-AR-BED	2,891	1974	1984: Sold Renamed **Sven No MarIna** **Princess M** – Now **Lilly R**
POSEIDON*	2,640	1964	1973: Chartered to Brittany Ferries
PRINCE OF BRITTANY	5,465	1970	Ex **Prince of Fundy** 1980: Purchased 1989: Renamed **Reine Mathilde** 1991: Withdrawn from service and sold 1992: Chartered by new owners to BCIF and renamed **Beauport**
PURBECK	3,099	1977	*1993: Chartered to BCIF*
QUIBERON	7,950	1975	Ex *Nils Dacke* 1982: Chartered by Brittany Ferries 1985: Purchased by Brittany Ferries *1983: Roscoff-Plymouth*
REGINA*	8,020	1972	1979: Chartered to Brittany Ferries

David Murgatroyd

Linda I (ex *Corbière*).

FotoFlite

Beauport (ex *Prince of Brittany*, ex *Reine Mathilde*).

NAME	GROSS TONS	YEAR BUILT	NOTES
TRÉGASTEL	3,999	1971	Ex **Njegos**, Ex **Travemunde** 1985: Chartered by Brittany Ferries 1987: Purchased by Brittany Ferries 1991: Sold to P&O Scottish Ferries – Renamed **St. Clair**
SKARVOY	3,710	1974	1991: Chartered to Brittany Ferries
<u>VAL DE LOIRE</u>	32,000	1987	Ex **Nils Holgersson** 1993: Purchased by Brittany Ferries *1993: Roscoff-Plymouth/Plymouth-Santander/Roscoff – Cork/Portsmouth-Santander/Caen (Winter 1993/94)*
*VALÉRIE**	3,390	1972	1974: Chartered by Brittany Ferries
VIKING 1*	4,485	1970	1982: Chartered to Brittany Ferries
VIKING 6* (renamed **Goelo**)	5,149	1967	1980/81: Chartered to Brittany Ferries

<u>Key</u>:

* Charter Vessel
Ships in *Italics* – Freight Vessels
Ships <u>Underlined</u>: Currently in service
1993: Current route information

Lawrence Macduff

St. Clair (ex. *Tregastel*).

Steffen Weirauch

Sol Olympia (ex *Moby Dream*, ex *Goelo*).

PASSENGER FIGURES

YEAR	PASSENGERS	CARS	FREIGHT
1973	18,300	Nil	5,932
1974	91,500	12,483	9,648
1975	162,600	24,312	13,495
1976	281,200	48,261	12,205
1977	383,536	49,345	16,194
1978	525,700	96,328	20,618
1979	618,912	117,248	25,156
1980	728,916	138,754	25,738
1981	735,745	137,608	25,421
1982	749,386	136,612	24,230
1983	755,316	140,413	24,302
1984	731,422	133,711	27,162
1985	873,728	152,312	84,694
1986	1,177,886	245,352	98,176
1987	1,248,952	257,190	113,113
1988	1,698,207	392,220	151,429
1989	2,117,738	527,396	147,039
1990	2,638,847	627,887	151,452
1991	2,712,038	720,779	154,899
1992	2,639,803	711,291	168,318

This page: The *Prince of Brittany* captured in a storm off Alderney. (FotoFlite)
Back cover: The *Bretagne* arriving at Portsmouth on 21st June 1993. (Miles Cowsill)

Cette page: Le *Prince of Brittany* sous l'orage au large d'Alderney (FotoFlite)
Au Dos: Le *Bretagne* arrive à Portsmouth le 21 juin 1993. (Miles Cowsill)

Brittany Ferries

De la Terre a la Mer

From the Land to the Sea

IAN ALLAN
BOOKSHOP
£6.95

9 781871 947175

FERRY Publications

ISBN 1 871947 17 0